Christophe de Sairas

L'habit de l'âme

Christophe de Sairas

L'habit de l'âme

roman

Editions Villeroy & Costa

Préface

« Christophe de Sairas, jeune écrivain, est de
la caste des battants, des ambitieux.
De ceux qui ont la gourmandise des phrases,
la rage des mots.
Il puise ses idées dans son âme romantique et
torturée par un besoin constant d'amour.
Amours sulfureuses, amours tragiques,
amours dangereuses.
Saint John Perse avait répondu " à la question
toujours posée,
« Pourquoi écrivez vous ? »
La réponse du Poète fut toujours la même.
Pour mieux vivre "
Je suis convaincu que le talentueux
Christophe répondrait la même chose.
Longue vie à ce beau livre. »

Pierre Hugo

Chanson d'automne

Les sanglots longs
Des violons
De l'automne
Blessent mon cœur
D'une langueur
Monotone.

Tout suffocant
Et blême, quand
Sonne l'heure,
Je me souviens
Des jours anciens
Et je pleure.

Et je m'en vais
Au vent mauvais
Qui m'emporte
Deçà, delà,
Pareil à la
Feuille morte.

Paul Verlaine

Christophe de Sairas écrit depuis toujours.
Il est né dans le sud de la France et y a passé
son adolescence avant de partir pour le
Royaume-Uni pendant quatre ans. Revenu en
France, il repart pour l'Allemagne où il habite
depuis deux ans. Il signe ici son premier
roman, qu'il souhaite faire connaître au plus
large nombre de lecteurs.

Retrouvez Christophe de Sairas sur :
 http://christophedesairas.cla.fr

Dépôt Légal : Bnf et SGDL n°28423
Editions Villeroy & Costa

1

Village de Murbach
Chapelle Notre-Dame-de-Lorette
Vendredi 9 novembre 1973
21:23

Toute la journée, des nuages bas avaient dissimulé le sommet du Grand Ballon. La pluie n'avait cessé de s'abattre sur toutes les Vosges, n'épargnant pas la petite vallée du Florival. Le village de Murbach, quasiment isolé au milieu de la forêt, était plongé dans une obscurité presque totale. Alors qu'une brume épaisse caressait les deux clochers de la majestueuse abbatiale, la lune apparut et des millions d'étoiles scintillantes se dévoilèrent peu à peu dans un ciel magique. Au pied de l'édifice, le cimetière était entouré de trois murs construits en pierres sèches et ce « jardin des âmes », tel qu'on l'appelait ici, donnait le sentiment d'une bourgade paisible, où la mort n'avait pas besoin de beaucoup de place.

Passant l'ancienne abbaye, les dernières demeures étaient éparses et annonçaient que la lisière du bois n'était pas loin. Le clair de lune était timide, mais grâce à la lumière qu'il offrait, le spectacle était sublime.

Des milliers de feuilles jaunies de hêtres et de chênes, qui paraissaient fluorescentes sous le reflet de l'astre céleste, tapissaient les toitures, preuve que l'automne n'était pas en retard. Le murmure du ruisseau se mariait avec le silence en une symbiose parfaite, et la mélodie que cela produisait était une des seules preuves qu'en ce lieu, le temps ne s'était pas arrêté.

L'air avait l'odeur plaisante des feux de bois qui brûlaient dans les cheminées des maisons habitées.

L'auberge accueillait encore quelques touristes en quête de sérénité et désirant se retrouver hors du temps, mais les pèlerinages avaient presque tous perdu leur vocation religieuse et étaient devenus de simples visites païennes. Les cloches de la grande église ne sonnaient plus que trois fois par jour, et les messes, elles, étaient seulement données les dimanches en fin de matinée. Même si Dieu ne semblait plus qu'un souvenir, la vallée était peuplée d'hommes et de femmes qui n'auraient pour rien au monde souhaité quitter leur terre. Cette vallée était leur berceau et sans aucun doute leur tombeau. Les rares personnes qui n'y avaient pas leurs racines, résidaient là par choix. Perchée à l'adret, au nord de l'abbatiale et sur un replat dominant le vallon, la chapelle Notre-Dame-de-Lorette se dressait entre ciel et terre, fière et sobre à la fois.

Ayant résisté pendant des siècles à toutes les croisades, les invasions et les guerres, elle conservait son âme originelle. Ses portes étaient toujours ouvertes, et ceux qui pénétraient dans le baptistère étaient aussitôt enveloppés par une atmosphère intime et confidentielle, qu'ils ne ressentaient point dans la grande église située au centre du village. Pour atteindre cette chapelle, il fallait d'abord gravir une étroite et tortueuse voie, qui débutait en face de l'entrée de l'église, sur la route de Lucerne. Il ne fallait pas être distrait, car par endroits, des racines d'arbres sortaient du sol de plusieurs centimètres, et des cailloux amenés par les pluies ruisselantes pouvaient faire glisser et chuter même les plus endurcis. Le risque était encore plus grand durant la nuit, tant il devenait difficile de s'orienter.

Pourtant, une jeune femme avait réussi à gagner toute seule la chapelle. Elle y était montée pour voir Thibaut qui, dans la journée, avait repéré sa voiture garée devant la pharmacie où elle travaillait dans le village voisin de Lautenbach. Il avait furtivement laissé un petit mot sur le pare-brise pour lui indiquer l'heure et l'endroit de leur prochain rendez-vous. Car il devenait urgent qu'ils se vissent et discutassent. Cela faisait maintenant un peu plus d'un an que Thibaut avait remarqué Vérane, assise au premier rang de l'église de Murbach. Il était venu écouter le sermon du prêtre Lieber qui, dans toute la région, avait la réputation d'être un des meilleurs orateurs ecclésiastiques. Il avait succombé en un instant au charme de la jeune femme, lorsque celle-ci s'était retournée et que leurs regards s'étaient croisés. Dès lors, ils avaient fréquenté l'église dans l'espoir secret de se voir, se parler, se rapprocher.

Un jour, ils s'étaient rencontrés en dehors du village, et leur histoire avait commencé par un baiser volé. Plusieurs semaines après le début de leur relation, Vérane avait enfin osé lui avouer la vérité. Qu'elle avait une famille, et qu'elle était mariée à un homme qu'elle n'aimait plus depuis longtemps. L'amour s'était malgré tout emparé d'eux et avait été vécu dans la plus grande discrétion.

La jeune femme s'était tellement confiée à celui qu'elle chérissait qu'elle lui avait même parlé des violences que lui infligeait son époux. Elle lui avait raconté les insultes, les coups, les viols qu'elle subissait depuis des années.

Elle avait un rêve, être heureuse, aimer et être aimée au grand jour, mais le regard des autres l'empêchait de changer de vie et de vouloir le meilleur pour elle et ses enfants.

Désormais, Thibaut désirait la convaincre de ne plus exister dans la résilience et de faire un choix. Il avait apporté quelques bougies qu'il plaça dans des chandeliers vides. Il alluma leur mèche une par une et le plafond de la chapelle d'un bleu extraordinaire apparut, les inscriptions dorées se dévoilèrent, les statues se découvrirent ; leur ombre fut projetée sur les murs qui semblaient trembler en accordance avec le mouvement des flammes. Vérane s'assit sur les marches conduisant au petit autel en marbre, sur lequel était posé un vase contenant quelques roses blanches fanées. Thibaut fit de même, et en silence, observa sa maîtresse dont les cheveux blonds et bouclés paraissaient irréels. Il essayait de capter ses yeux, dont il connaissait par cœur l'éclat émeraude, et contemplait sa bouche comme s'il avait envie de l'embrasser. Il n'osait parler, comme s'il réfléchissait à ce dont il allait l'entretenir. Quand elle tourna son visage pour plonger son regard dans le sien, Vérane s'aperçut que des larmes coulaient le long de ses joues. Elle hésita à l'enlacer, mais il les sécha du revers de la main et articula ses premiers mots d'une voix presque inaudible :

– Merci d'être venue. Je voulais te voir, car je craque. J'en ai plus qu'assez de devoir taire mes émotions, de ne pas pouvoir t'aimer quand je le veux et te serrer dans mes bras quand j'en ai besoin, de ne pas pouvoir passer mes nuits avec toi et me réveiller à tes côtés tous les matins. J'en ai plus qu'assez d'être obligé de dire aux gens qui me connaissent que je suis seul, et de n'être rien de plus que l'amant de celle que j'aime. J'ai trente-cinq ans, je n'ai jamais été marié, et aujourd'hui j'ai envie de crier au monde entier que je suis amoureux pour la première fois, et vivre cet amour comme si c'était le premier et le dernier.

Vérane prit sa main dans la sienne. Elle l'écoutait en baissant la tête, car elle savait que cette situation ne pouvait perdurer, qu'elle devait enfin choisir entre une vie d'amour et une vie de mensonges. La voix de Thibaut résonnait dans toute la chapelle. Il ne cessait de parler, car il voulait se livrer entièrement à sa bien-aimée, et ce, afin qu'elle se rende compte que les sentiments qu'il avait pour elle n'étaient pas éphémères, mais purs et sincères.

– Je pense tous les jours à toi. Chaque heure, chaque minute, chaque seconde, je pense à toi. Je souffre de te savoir malheureuse. Après chacune de nos rencontres, je me sens coupable de te laisser partir, de te laisser retourner dans les bras de cet ignoble individu. Je voudrais t'entendre rire, te voir sourire, voir tes yeux pétiller de bonheur. Car je suis heureux seulement si toi, tu es heureuse. Je t'aime, mon cœur, et je rêve que tu deviennes ma femme. Que tu sois à moi tout entière et pour toujours. Si tu y consentais, on pourrait partir d'ici, fuir loin de tout, et on aurait alors le monde à nos pieds.

Vérane se redressa et leva les yeux vers son amant. Ses paroles l'avaient tellement touchée qu'elle se sentait aussi coupable que lui.

– J'ai honte d'être la femme indigne que je suis, de te laisser m'aimer sans vraiment pouvoir t'appartenir, d'attiser tes souffrances sans jamais réagir. Tout est ma faute...

– Mais l'amour n'est pas une faute ! rétorqua Thibaut. L'amour, c'est ce qui nous anime, nous fait espérer et peut même nous sauver !

– Mais moi, j'aime t'aimer ! C'est beaucoup plus que de simplement aimer, et c'est probablement ce qui finira par nous détruire.

– Rien ne pourra anéantir l'amour que j'éprouve pour toi. Rien.

– Écoute Thibaut, nous sommes dans un monde où des gens se tuent tous les jours pour des raisons religieuses, idéologiques, et j'en passe... L'amour, c'est encore pire. Quand on le vit, on a l'impression de renaître. On voudrait en avoir suffisamment pour ne jamais en manquer, mais plus on court après lui, plus on ruine nos rêves, au point d'oublier qui l'on est. J'ai eu des enfants, mais ils ne sont pas nés de deux parents qui avaient décidé dans la joie de les concevoir. La première fois que je les ai tenus dans mes bras, j'ai eu du mal à ne pas les rejeter, car je savais que même s'ils ne vivaient que depuis quelques minutes, ils étaient déjà condamnés. En donnant la vie, on oblige à mourir. En vérité, la douleur, c'est la dette de l'homme.

– Alors, qu'allons-nous faire ? demanda Thibaut d'une voix désespérée.

– Je ne sais pas. Je suis perdue, complètement perdue. Je ne sais pas quel chemin prendre, je ne sais si je dois croire en l'avenir ou renoncer.

–Je n'ai plus de larmes à verser tellement j'ai pleuré, et je commence à me dire que je ne suis pas faite pour ce monde. Mais bien que je n'aime plus ce mari qui me maltraite depuis des années, je n'ai toujours pas la force de lui faire du mal. J'ai peur de briser sa vie plus qu'elle ne l'est déjà et de blesser à jamais le cœur de nos enfants. Et surtout je m'en veux d'avoir gardé secret notre amour et de l'avoir en quelque sorte trahi. Oui je l'avoue, mon chéri, je n'ai respecté aucune des promesses que je t'avais faites.

— L'important est que nous soyons ensemble.

— Je sais…

— Tu veux que je te laisse tranquille ?

— De la tranquillité, j'en aurai bien assez quand tout sera terminé.

— Tu dois déjà partir ?

— Non, pas encore, car la gardienne veillera sur les enfants jusqu'à mon arrivée. Quant à Charles, il est sans doute avec ses amis et ne rentrera que très tard.

— J'avais prévu de te donner quelque chose ce soir, lui indiqua Thibaut, mais au vu de la situation, tu auras tout le temps de réfléchir avant de l'accepter ou non.

Malgré sa détresse, Vérane avait hâte de savoir ce qu'il allait sortir de la poche de sa veste en coton. Elle resta immobile en observant ses gestes lents, jusqu'à ce qu'il lui tende la petite boîte posée sur la paume de sa main. Elle la saisit avec précaution et souleva lentement le couvercle. La surprise la laissa bouche bée. Une bague en or surmontée d'un somptueux saphir d'un bleu safre. La pierre brillait de mille feux. Sentant monter en elle une vague d'émotions, la jeune femme referma la boîte et s'approcha de son bien-aimé pour l'enlacer et le serrer très fort contre elle. Tandis que son cœur battait à tout rompre comme s'il désirait s'échapper de sa poitrine, elle glissa ses doigts dans ses cheveux et lui donna un baiser. Toutefois, elle ne tarda pas à s'éloigner de lui et à lui rendre son présent.

Ce moment-là avait l'apparence d'un adieu.

– Je ne peux pas l'accepter… Je suis désolée…

Thibaut se rapprocha d'elle et la prit de nouveau dans ses bras. La jeune femme aurait voulu que cet instant dure toujours. Malheureusement, au fond de son âme, résidait énormément d'amertume. Elle savait que de retour chez elle, elle devrait affronter le quotidien, s'occuper de ses enfants, du foyer, de son mari qu'elle n'aimait plus, se lever chaque matin avec la même peur au ventre, aller travailler pour avoir le sentiment abstrait d'une existence à peu près normale. Pour elle, l'amour n'était qu'un rêve auquel il ne fallait pas croire au point de changer de vie pour un homme qui vous susurrait des mots doux ; pourtant, lorsqu'elle était avec son amant, elle se sentait en sécurité. Elle avait beaucoup d'amour à lui offrir, mais aurait voulu avoir le courage de refuser le sien. Avec ses lèvres douces et tièdes, Thibaut ouvrit la bouche de Vérane en lui donnant des baisers langoureux. Il l'embrassa dans le cou et descendit le long de sa nuque afin de respirer l'odeur de sa peau. Elle ferma les yeux et s'abandonna totalement à lui, malgré son envie de s'enfuir et de résister. Elle finit néanmoins par tout oublier. Seuls dans cet endroit, loin du regard des autres, ils se sentirent libres et comprirent qu'en dépit des épreuves, la magie de l'amour ne s'était pas éteinte.

2
Village de Murbach
Église de l'ancienne abbaye
Dimanche 11 novembre 1973
11:03

Une vingtaine de villageois étaient déjà assis sur les bancs quand le prêtre fit son apparition, affublé de sa chasuble habituelle. Quelques enfants de chœur le suivaient. La musique était mystique et sublime, mais ne provenait pas d'un orgue. L'église de Murbach n'ayant pas la chance d'en posséder un, un disque le remplaçait.

Après avoir marché d'un pas lent en projetant de la fumée d'encens sur les fidèles, il se dirigea vers l'autel où quelques cierges étaient en train de brûler, et où une croix dorée placée au bout d'une canne tentait de cacher qu'il ne s'agissait pas d'une véritable eucharistie.

Vérane, elle, avait remarqué l'absence de Thibaut. Depuis leur rencontre, il venait à chaque fois à la messe, mais ce jour-là, étrangement, il était absent.

Le prêtre s'inclina profondément devant l'autel, puis d'une voix grave, débuta la messe:

– Au nom du Père, du Fils et du Saint-Esprit.

– Amen ! dirent en chœur les villageois.

– Que le Seigneur soit avec vous. Préparons-nous à la célébration de l'Eucharistie, en reconnaissant que nous sommes tous des pécheurs.

L'assemblée se mit à chanter le majestueux *Gloria*. Le son remplissait l'espace d'une façon magique et se glissait sous les arcades, comme si les murs avaient la faculté de se nourrir des notes. Pendant ce temps, Vérane se retournait sans cesse dans l'espoir d'apercevoir son amant, mais en vain.

– Prions le Seigneur.

– Amen, murmurèrent les fidèles.

Un des enfants de chœur lut trois textes et un psaume. Vint l'homélie, puis la profession de foi, le Credo. Le prêtre fit un discours sur la commémoration de la Première Guerre mondiale et, en ce 11 novembre, n'omit pas d'improviser une prière pour ceux ayant perdu la vie durant des combats, et ceux qui la perdraient dans le futur. Il pria enfin pour ceux qui, au moment même où il parlait, tremblaient sous les bombes.

– Car il n'y a pas de bombes saintes, dit-il, avant se retourner vers la croix.

Puis l'assemblée, touchée par les mots qu'elle venait d'entendre, débuta seule son oraison favorite, la récitant comme une poésie apprise par cœur.

– Notre Père, qui es aux cieux, que ton nom soit sanctifié, que ton règne vienne, que ta volonté soit faite, sur la terre comme au ciel [...] Pardonne-nous nos offenses, comme nous pardonnons à ceux qui nous ont offensés, et ne nous soumets pas à la tentation, mais délivre-nous du mal. Amen.

Tout le monde se regarda alors avec fierté. Vérane continuait de se demander pourquoi son bien-aimé n'était pas venu. Pour elle, ce n'était pas normal.

Le prêtre bénit chaque personne qui se présenta pour recevoir l'hostie. À la fin, il se plaça derrière l'autel et dit :

– Allez dans la paix du Christ ! Allez en paix !

Vérane se leva en même temps que tous les autres pour se diriger vers la sortie.

Sur le parvis, elle aperçut Thibaut qui l'attendait. Il s'approcha d'elle quand il vit son visage maussade.

– Vérane, je suis désolé de te dire que je n'assisterai plus à la messe, et que… c'est fini entre nous…

– Mais… je ne comprends pas…

— J'ai bien réfléchi à ce que tu m'as dit dans la chapelle, et tu avais raison. Je ne mérite pas ton amour.

— Nous avons juste besoin d'un peu de temps.

— Je sais que je ne suis pas un homme pour toi, car tu ignores encore qui je suis vraiment. Et comme j'ai peur de te décevoir, je préfère que nous en restions là.

— Laisse-nous au moins une chance...

— Non, nous ne nous verrons plus, et j'irai ailleurs à la messe. Je continuerai de travailler à abattoir et j'essayerai de t'oublier.

Vérane se retourna pour s'en aller, et des larmes inondèrent ses joues. Elle les sécha du revers de la main, mais quelques fidèles remarquèrent son état. Le cœur de la jeune femme était en feu.

Alors que Thibaut s'éloignait, elle eut brusquement envie de lui crier que son raisonnement était injuste, qu'elle était prête à tout entendre, à connaître le fond le plus intime de son être, et qu'elle l'aimerait quoi qu'il puisse lui révéler. Elle aurait voulu lui dire que sans lui, elle se sentirait encore plus triste, seule et fragile. Elle aurait voulu le rassurer en lui confiant que c'était avec lui qu'elle se sentait réellement heureuse et avait juste besoin d'être sûre d'elle, avant de pouvoir se reconstruire et commencer un nouveau chapitre de son existence.

Mais elle ne le fit pas.

Elle était persuadée qu'il était trop tard, que si Thibaut avait vraiment pris cette décision, il ne changerait pas d'avis si facilement. Elle ne le fit pas, car elle refusait d'avoir l'air d'une hystérique désirant absolument être aimée de son amant. Elle se sentait brisée, car elle avait l'impression que sans lui, tout ne tarderait pas à lui échapper. Elle passa le reste de la journée à penser à lui et finit par se dire qu'il était certainement en train de faire de même. Elle s'occupa de ses enfants en faisant semblant d'être joyeuse.

Quand Charles arriva ce soir-là, il aurait pu lui faire toutes les violences possibles, elle ne les aurait pas senties.

Rien n'aurait pu lui faire plus de mal que de perdre l'homme qu'elle aimait de toutes ses forces et au-delà. Elle était prête à tout pour le lui prouver, mais espérait secrètement qu'il reviendrait vers elle.

3

Village de Murbach

« Les Mésanges »

Mardi 13 novembre 1973

23:50

Les enfants avaient eu du mal à s'endormir, cependant la gardienne avait réussi à les calmer en leur lisant un joli conte. Lisa, l'aînée âgée de huit ans, n'avait pas refusé d'aller se coucher, mais les plus jeunes, Guillaume, six ans, Florence, quatre ans et demi, et Blanche, presque deux ans, avaient réclamé leur père, mais comme celui-ci n'était pas là pour les border, des pleurs et des cris avaient perturbé la tranquillité de la soirée. Dehors un vent froid balayait le village, et son souffle dans les arbres produisait un son inquiétant. Vérane avait quitté son travail vers huit heures du soir, mais ayant eu envie de se retrouver seule pour réfléchir, elle s'était tout d'abord assise sur un banc dans un coin tranquille, puis avait marché un peu dans la nature, comme pour lui demander conseil. Une fois la nuit tombée, et alors que Mike Brant frôlait son âme avec *Laisse-moi t'aimer,* elle avait pris la direction de Murbach avec le désir de changer de vie, mais une fois arrivée à l'entrée du village, elle avait senti qu'elle n'allait pas en être capable.

Après ces tergiversations douloureuses et plusieurs détours routiers, elle emprunta une petite allée de terre qui descendait de quelques mètres en dessous de la route. Juste après le panneau qui indiquait le nom de sa demeure, « Les Mésanges », elle gara sa Peugeot 104 dans la cour. Elle n'en sortit pas tout de suite, serrant de ses mains moites le volant, regardant la maison d'un air triste. Exténuée par sa journée de travail à la pharmacie, Vérane se décida enfin à entrer et s'assit aussitôt sur le canapé, dans le silence le plus complet. Quand la gardienne descendit les marches de l'escalier menant aux chambres à coucher, elle fut surprise de voir que sa patronne était plongée dans l'obscurité. Elle se permit d'allumer une lampe et de la questionner.

– Tout va bien, madame Meyer ?

– J'avais juste besoin de me reposer, répondit-elle. Je n'avais pas envie d'allumer car j'avais mal à la tête, mais maintenant je me sens mieux. Vous pouvez rentrer chez vous jusqu'à nouvel ordre. Comme je ne travaille pas demain, je garderai les enfants moi-même.

Je tiens d'ailleurs à vous remercier, car sans vous, j'aurais encore plus de difficultés à tout gérer.

— Ne vous inquiétez pas, madame Meyer, je sais bien que tout n'est pas toujours rose pour vous. Les enfants réclament très souvent leur père, mais croyez-moi, ils comprennent plus de choses qu'on ne le pense !

— En tout cas, ils ont de la chance de vous avoir. Je vous remercie mille fois de prendre si bien soin d'eux. Vous êtes encore jeune, mais le jour où vous aurez des enfants, vous serez une très bonne maman.

— Oh ! je vous remercie, madame Meyer, mais je ne sais pas si je serai à la hauteur comme vous l'êtes. Bon, je m'en vais ! Je vous souhaite une bonne soirée, madame Meyer !

— Au revoir, Joséphine, et n'oubliez pas ce que je vous viens de vous dire.

La jeune fille quitta la demeure allègrement. Vérane feuilleta le journal qui se trouvait sur une petite table basse à côté du canapé. Dans la cuisine, elle fit chauffer un peu d'eau qu'elle versa dans une tasse et y trempa un sachet de thé au jasmin.

L'ancienne horloge à balancier sonna douze fois. Douze tintements aigus qui signifiaient qu'il était exactement minuit. Charles n'était pas encore rentré. La jeune femme en avait l'habitude, mais l'alcoolisme de son mari rendait la situation encore plus dramatique. Depuis plusieurs années, il travaillait dans les forêts domaniales avoisinantes comme bûcheron, et tous les soirs, il allait boire dans un bistrot de Guebwiller avec ses collègues de travail.

Lui, comme tous les hommes qui suivaient ce rituel, ne se souciaient guère des femmes qui les attendaient chez eux. De plus, pour Charles, passer une journée sans boire une goutte d'alcool était devenu totalement impossible. Il ne revenait qu'au milieu de la nuit, sans songer aux dangers qu'il courait comme rater un virage, perdre le contrôle de son automobile, glisser sur une plaque de verglas pendant l'hiver... Il se moquait aussi des usagers de la route qui pourraient un jour se retrouver au mauvais endroit au mauvais moment.

En fait, quand Charles prenait le chemin du retour, il ne pensait à rien. Par chance, il connaissait bien la route.

Vérane perçut le bruit d'une clef dans la serrure de la porte d'entrée. C'était étrange, car à l'inverse de l'ordinaire, elle n'avait discerné ni le bruit du moteur de la voiture de son mari, ni le claquement des portières. Elle entendit seulement la porte d'entrée s'ouvrir avant de claquer, puis les pas de Charles qui se rapprochaient. Ils étaient lourds, lents et irréguliers. Elle leva les yeux, prête à découvrir l'état dans lequel il se trouvait. Malheureusement, elle n'allait pas être surprise.

Charles apparut dans le salon, sourit quand il vit son épouse et s'avança vers elle pour l'embrasser. Il titubait, et tenir debout lui était difficile. Quand il se pencha sur elle, il faillit tomber. Il rapprocha malgré tout son visage de celui de Vérane qui se recula aussitôt, tant l'odeur de son haleine lui était insupportable. En dépit des efforts que Charles faisait pour paraître sobre, ses yeux prouvaient le contraire et, par moments, clignaient même frénétiquement. Vérane ne dit rien, mais n'en pensait pas moins.

– Tu ne veux pas m'embrasser ?

– Non, tu sens l'alcool. Ça m'écœure !

– Tu es ma femme, et les femmes embrassent leur mari quand ils rentrent.

– Ne me mets pas en colère. Alors que tes enfants pleurent et se plaignent de ne jamais te voir, tu vas te saouler au bistrot avec tes copains.

– Mais...

– ... il n'y a pas de mais qui tienne !

– Pardon...

– Tu as dit pardon ? Mais demain matin, au réveil, tu ne te souviendras même plus que ce mot est sorti de ta bouche !

– Je...

– … tu quoi ?

– Je t'aime...

– Tu oses me dire que tu m'aimes ? Tu ne devrais pas abuser de ces mots-là. L'amour, c'est bien plus subtil que cela, ce n'est pas un mot dans le vent. D'ailleurs, c'est un acte plus qu'une parole. Tu m'aimais quand tu avais vingt-trois ans, et que moi, j'étais naïve. Tu travaillais et tu revenais, on était insouciants, on avait encore des rêves... Mais quand tu as commencé à boire, tu as changé, tu es devenu un monstre ! Je suis restée, car j'avais l'espoir qu'un jour tu redeviendrais l'homme qu'il y a dix ans j'ai choisi d'épouser ! Mais maintenant c'est fini, je n'en peux plus ! Je t'ai donné dix ans, et toi, tu as détruit toute ma vie !

– Tu me fais peur, affirma-t-il d'une voix calme.

– Je te fais peur ? Mais qui est humilié depuis de nombreuses années ? Qui est insulté ? Qui est rabaissé et traité plus mal qu'un chien galeux ? Pendant longtemps, j'ai gardé le silence pour sauver notre famille, pour que nos enfants ne souffrent pas de nous voir nous déchirer, mais…

– … tu parles trop fort...

– … mais maintenant je n'en peux plus ! hurla-t-elle. J'ai été trop bête et tu en as profité pour me briser ! Mais si tu penses avoir gagné, tu te trompes, car j'en ai assez de me taire, assez de supporter cette existence ! Alors, tout ça, c'est fini, tu m'entends, fini !

– Pourtant j'ai toujours été gentil avec toi.

– Je veux que tu regrettes tout ce que tu m'as fait ! que tu te repentes ! que tu ressentes pour une fois ce que moi, je ressens depuis des années !

Charles continua de provoquer sa femme, dont le visage paraissait triste et froid.

N'ayant pu contrôler son emportement, Vérane prit brusquement conscience qu'elle devait se calmer, afin que les enfants ne se réveillent pas. Pour ce faire, elle se leva et fit les cent pas, en essayant de se contenir.

Elle n'avait pas mangé de la journée, mais ne ressentait aucune faim.

Charles s'était assis sur une chaise bancale afin de l'observer et de capter son regard.

– Arrête de me dévisager, et sache que je ne te pardonnerai jamais ! Maintenant ce que je désire, c'est que tu comprennes que tout est fini. Tu as tout gâché, tout, lui dit-elle d'une voix presque apaisée. Bientôt, je ne serai plus là. Ce qui me préoccupe le plus, ce sont les enfants. J'aimerais tant qu'ils soient heureux.

– Tu resteras là. Tu n'es pas assez forte pour partir. Tu n'y arriveras pas.

Vérane ne répondit pas. Dans sa tête, des milliers de pensées se bousculaient. En fait, elle n'avait même plus envie de se venger, elle n'en avait plus la force.

Elle avait hâte de retrouver une certaine paix intérieure, de s'éloigner de tous ces problèmes qui la poursuivaient et l'empêchaient d'être sereine. Elle souhaitait simplement que sa destinée s'éclaircisse, que le bonheur remplisse de nouveau son cœur, mais ne parvenait pas à voir le bout du tunnel. Après ces quelques instants de réflexion, elle se donna de petites gifles, comme si elle voulait se réveiller d'un affreux cauchemar… Malheureusement, elle était bien dans la réalité.

Soudain, Lisa apparut dans les escaliers qu'elle descendit lentement. Elle avait peut-être entendu sa mère crier et avait eu envie de savoir ce qu'il se passait.

– Maman, j'ai soif ! Je peux avoir un verre d'eau?

– Oui, mon ange.

La fillette but à petites gorgées, puis s'avança vers son papa pour lui donner une bise. Elle déposa aussi un baiser sur la joue de sa maman avant de remonter. Elle se glissa sous la couette et essaya de se rendormir, mais eut bien du mal à trouver le sommeil. Comme elle n'entendait plus rien, elle ferma les yeux et improvisa une prière.

« Dieu si tu m'entends, fais que tout s'arrange… »

Vérane ne tarda pas à monter dans sa chambre et se coucher en songeant à Thibaut, dont l'image l'avait obsédée tout au long de la journée. Elle ne pouvait oublier ce qu'il lui avait dit devant l'église et espérait de tout son cœur qu'en dépit des obstacles, leur amour finirait par triompher. Avant de tomber dans les bras de Morphée, elle se promit de le revoir, et ce, quel qu'en soit le prix.

Charles, lui, s'endormit sur la chaise bancale, puis finit par s'allonger sur le canapé en étant persuadé que rien dans leur vie n'allait changer…

4
Le Grand Ballon
Massif des Vosges
Mercredi 14 novembre 1973
07:02

Quand Vérane se réveilla, Charles était déjà parti. Elle fit sa toilette et s'habilla d'une de ses robes préférées, car de la fenêtre, elle avait vu que pas un nuage ne flottait dans le ciel et que le soleil se levait. La journée s'annonçait magnifique.

Elle prépara un copieux petit-déjeuner pour elle et ses enfants, qui n'allaient pas tarder à s'éveiller. En les attendant, elle but un café noir tout en écoutant de la musique à la radio, qu'elle venait d'allumer. Sheila chanta gaiement *Julietta*, puis *Comme les rois mages*, qui connaissait un vrai succès depuis sa sortie. Enfin Michelle Torr chanta *Les amoureux*, chanson qui, durant un instant, fit réfléchir Vérane, mais refusant de s'émouvoir, elle préféra changer de station.

Lorsque s'éleva *Le Lundi au soleil* de Claude François, elle retrouva vite le sourire.

Comme les enfants ne descendaient toujours pas, elle alla dans le salon et chercha dans une armoire une boîte en carton, sur le couvercle de laquelle apparaissait l'inscription « Souvenirs ». Assise sur le canapé, elle sortit tous les objets qui s'y trouvaient et les tria méticuleusement.

Certains d'entre eux retournèrent dans le carton, mais la jeune femme en mit plusieurs dans un panier en osier.

Elle y déposa également les sandwiches et les tartelettes qu'elle avait soigneusement empaquetés, quelques bouteilles d'eau, ainsi qu'une nappe en tissu dont les motifs avaient été brodés à la main.

Lisa apparut dans le salon, tandis que Vérane était en train de vérifier qu'il ne manquait rien dans le panier.

– Bonjour, ma chérie ! Aujourd'hui, nous allons nous promener et faire un pique-nique ! Qu'est-ce que tu en dis ?

– C'est super, Maman ! lui répondit-elle.

– Assieds-toi, le petit-déjeuner est prêt. Tu veux une tartine de pain grillé avec de la confiture ?

La fillette regarda sa mère d'un air ébahi, car elle n'avait pas l'habitude de la voir aussi enthousiaste. Florence et Guillaume les rejoignirent peu de temps après. Vérane monta pour s'occuper de Blanche, qui avait peur de descendre les escaliers toute seule.

Le petit-déjeuner fut un beau moment de partage entre la jeune femme et ses quatre enfants, qui se réjouissaient à l'idée de passer une journée dehors. Certes, leur père ne serait pas là, mais comme toujours, leur maman parviendrait à effacer tous leurs maux. Lorsqu'ils eurent tous fini de manger, Lisa l'aida à préparer ses trois frère et sœurs. Dans la voiture, les enfants se mirent à chanter en chœur, et leur mère ne put s'empêcher de les regarder avec fierté dans le rétroviseur. La radio passait *C'est ma prière*, que Mike Brant chantait avec passion.

— Maman, où va-t-on ? s'enquirent-ils.

— Nous allons au sommet du Grand Ballon. C'est l'un de mes endroits préférés. J'y allais aussi avec mes parents quand j'étais petite. Je m'en rappelle comme si c'était hier !

Sur la route, Vérane se souvenait des longues heures qu'elle avait passées au sommet, cueillant des fleurs qu'elle offrait tout de suite à sa maman. C'était grâce à ce paradis qu'elle avait compris qu'il y avait un monde ailleurs, mais qu'elle aimait juste le voir de loin. Plus tard, à l'adolescence, elle y était retournée, parfois toute seule, pour y retrouver cette sérénité qui lui faisait tant de bien.

Entre le ciel et la terre, c'était là qu'elle se sentait le mieux. Elle avait même gravé ses initiales sur un arbre, afin qu'une partie de son être puisse rester à jamais « sur le toit du monde ». Désormais, elle voulait montrer cela à ses enfants, pour qu'ils découvrent ce lieu hors du temps et l'aiment autant qu'elle.

Sur la route des Crêtes, ils traversèrent un col situé entre Le Markstein et Le Vieil Armand.

— Vous voyez, je venais aussi ici ! Mon papa m'y emmenait pour cueillir des champignons. Il disait qu'ils ne poussaient qu'à cet endroit ! Et le soir, on était heureux de les manger.

— C'est ça le Grand Ballon ? demanda Guillaume.

— Non, pas encore ! Nous y serons dans peu de temps ! Ouvrez grand vos yeux !

Un paysage sublime défilait. Ils avaient déjà pris de la hauteur, et quand ils ouvrirent les fenêtres, l'air qui entra dans la voiture était plus pur encore que celui de Murbach. Il avait l'odeur des sapins, des fleurs, de la nature tout entière. Une odeur comme celle des endroits où l'homme n'est que de passage. Vérane inspira cet air, s'en enivra même, et la petite Lisa ne tarda pas à l'imiter. Au bout de quelques minutes, la voiture fut garée sur le bord de la route, et tous en descendirent. Blanche, assise dans sa poussette, observait avec joie tout ce qui se trouvait autour d'elle.

Lisa, Guillaume, Florence éprouvaient le même émerveillement que leur mère face à la beauté de la vue. Ils pouvaient distinguer toutes les vallées, et Mulhouse, qui paraissait n'être qu'une petite ville.

– Vous voyez ces montagnes au fond ? C'est la Forêt-Noire ! Et là, le Jura ! Là, ce sont les Vosges. Et là, regardez bien, parfois on peut même voir le massif du Mont-Blanc. Là, ce sont les Alpes ! Ce sommet, par exemple, c'est le Weisshorn, dans les Alpes bernoises ; celui-ci, c'est la Dent Blanche, et celui-là, c'est le Finsteraarhorn. De ce côté, vous pouvez apercevoir la Jungfrau, de l'autre, le Mönch... Oh, nous avons de la chance aujourd'hui, car il fait vraiment beau !

– Maman, on peut ramasser des fleurs comme tu le faisais quand tu étais petite?

– Non, car comme nous allons rester un peu, elles risquent de faner avant que nous retournions à la maison. Mais si voulez, on peut se promener et admirer leurs couleurs, et si je me souviens de leur nom, je vous les dirai!

– Oui, maman ! répondirent-ils tous à l'unisson.

– Celle-ci, par exemple, c'est une gentiane jaune. Et ici, c'est un magnifique lis martagon !

La jeune femme était entourée de ses enfants et, tout en marchant dans la prairie verte, elle les regardait avec tendresse. Elle voulait que cette journée soit inoubliable, qu'ils apprennent des choses, qu'ils tombent amoureux de cette montagne atypique à laquelle elle était tellement attachée.

– Regardez, c'est un rosier des Alpes !

La balade dura deux bonnes heures, et Vérane leur proposa de s'asseoir dans l'herbe pour profiter de cet incroyable panorama et déjeuner dans la bonne humeur.

– Quand j'étais petite, c'est ici que nous nous asseyions avec mes parents et que nous passions parfois toute la journée. Vous avez faim ?

Les enfants firent oui de la tête, tant l'air pur leur avait ouvert l'appétit. Après avoir posé la nappe sur l'herbe, Vérane donna à chacun ce qu'elle avait préparé et mangea un peu aussi, tout en scrutant l'horizon. Puis, allongée sur le dos, elle contempla le bleu du ciel pour que cet instant lui paraisse éternel. Entendre ses enfants rire et s'extasier en ce lieu qui lui était si cher, la remplissait d'allégresse et de bien-être. Soudain elle se redressa afin de sortir ce qui était resté dans le panier.

– Mes anges, je vous ai apporté des cadeaux. Cela fait longtemps que je possède ces objets, qui signifient tous quelque chose pour moi.

Ils ont une âme, et je les adore. Mais maintenant j'aimerais qu'ils vous appartiennent pour toujours, et que grâce à eux, vous puissiez penser à moi.

Intimidés, les enfants gardaient le silence et buvaient littéralement ses paroles.

– Cette broche, c'est ma mère qui me l'a offerte quand j'avais vingt ans. Elle l'avait reçue de ma grand-mère et me l'a donnée pour que je la garde toujours avec moi. Je la portais sur ma robe blanche quand je me suis mariée avec papa. J'y tiens beaucoup et j'aimerais qu'elle soit à toi, Lisa.

Celle-ci s'empara du précieux bijou et le plaça contre son cœur.

– Ce livre, c'est mon oncle qui me l'a rapporté d'un voyage qu'il avait fait au Canada. La première fois que je l'ai lu, j'ai cru qu'il parlait de moi tant la petite fille de l'histoire me ressemblait. La nuit, je le cachais sous mon oreiller, et le jour, je le gardais avec moi. Il est temps que je te le donne, mon adorable Guillaume. Il faudra que tu y fasses très attention.

Le garçonnet le prit avec précaution et le contempla comme s'il s'agissait d'un trésor inestimable.

– Ce bracelet, je l'ai eu lors de ma première communion. Je ne me rappelle pas qui me l'a offert, mais je l'ai gardé en souvenir, car mon prénom est gravé dessus, et je l'ai porté à chaque moment important de ma vie. J'ai décidé de te l'offrir, Florence, et surtout ma puce, ne le perds jamais.

Sans le quitter des yeux, la fillette sourit et demanda à sa mère de l'attacher autour de son poignet.

— Et cette poupée, je crois que c'est mon père qui me l'a achetée pour que je ne me sente jamais seule. Je lui avais même donné un nom. Elle est à toi, Blanche.

Cette dernière l'observa avec bonheur avant de la serrer dans ses bras.

— Mes chéris, je voudrais que grâce à ces cadeaux, vous vous rappeliez toujours que je suis votre maman et que je vous aime. D'ailleurs, même si parfois nous sommes séparés, je resterai toujours dans vos cœurs. Et si un jour, vous revenez ici, regardez au loin et parlez-moi. Je vous entendrai.

Les enfants s'avancèrent tous ensemble vers elle et lui donnèrent des baisers à profusion. Ils la serrèrent dans leurs bras, et une affection intense parcourut chacun d'eux. Le reste de la journée fut tout aussi merveilleux. Ils jouèrent ensemble, rirent, coururent et oublièrent tout le reste.

Le soir, quand ils revinrent à Murbach sur l'air hilarant de *La bonne du curé* d'Annie Cordy, ils étaient tout simplement heureux et savaient que jamais cette journée ne s'effacerait de leur mémoire. Une journée durant laquelle l'absence de leur père ne leur avait causé aucune peine ; une journée avec leur mère dont ils avaient senti et sentaient encore l'amour inconditionnel émanant de sa voix, de ses gestes, de son regard, de son être tout entier. Ils dînèrent et se couchèrent tôt, avec des étincelles dans les yeux.

5
Village de Lautenbach
Jeudi 15 novembre 1973
13:25

Les enfants étaient à l'école et déjeunaient à la cantine, quand Vérane téléphona à Joséphine pour lui demander de venir garder Blanche et Florence, puis d'attendre le retour de Lisa et de Guillaume, afin qu'ils puissent goûter et être gardés jusqu'au soir.

Quand la gardienne arriva, sa patronne lui indiqua qu'elle se rendait à la pharmacie et rentrerait vers dix heures du soir.

Toujours digne de confiance, la jeune fille accepta de rester sans la moindre hésitation.

Vérane se mit en chemin et arriva en avance à Lautenbach. Comme elle ne devait commencer son travail qu'à deux heures, elle en profita pour fouiller méticuleusement les armoires où étaient rangés les potions, les médicaments, les herbes et les produits pharmaceutiques. Elle fit de même dans les tiroirs, mais n'y trouvant pas l'objet de sa quête, les referma aussitôt.

Puis elle retira d'une étagère en hauteur un flacon, puis deux, puis trois, quatre, cinq. Sur les étiquettes de ces derniers, étaient inscrits les mots : *Digitaline naturelle*. Elle les glissa dans son sac à main et ouvrit la boutique aux nombreux clients qui attendaient devant la porte. Elle travailla jusqu'à sept heures, puis baissa le rideau métallique de la pharmacie comme elle le faisait chaque soir. Avant de prendre sa voiture, elle marcha jusqu'à la seule cabine téléphonique du village, puis composa un numéro qu'elle connaissait par cœur.

– Allô, maman ? C'est Vérane !

– Ma chérie, comment vas-tu ? Ça fait une éternité que tu ne m'as pas appelée! Tout va bien ?

– Oui, maman, je voulais prendre de tes nouvelles… et aussi… te demander pardon, te dire que je regrette toutes les disputes que nous avons eues. Je déplore de n'avoir pas lu tes lettres, et quand tu es venue pour voir Lisa et Guillaume, j'aurais dû être plus gentille avec toi et te donner une plus grande place dans ma vie... Je suis désolée... J'ai fait preuve de méchanceté, alors que toi, tu voulais juste nous aimer...

– Vérane, même si ça fait au moins quatre ans que nous ne nous sommes pas vues, je te pardonne, car tu es ma fille et tu le seras toujours. Le principal, c'est de comprendre ses erreurs avant qu'il ne soit trop tard...

– J'espère aussi que tu verras bientôt Florence et Blanche... Elles grandissent très vite et ont besoin de leur grand-mère...

– Oh oui ! il me tarde tellement de les connaître... Tu ne peux pas imaginer comme je suis heureuse de t'entendre. J'ai prié tous les jours pour que cela arrive, pour que tu sonnes de nouveau à ma porte.

– Tu voudrais que je vienne te voir ? Il y a une jeune fille à la maison qui s'occupe des enfants jusqu'à mon retour.

– Ce serait merveilleux !

– Alors, je me mets tout de suite en route, maman.

Quand la jeune femme raccrocha, elle avait les larmes aux yeux. Comme elle regrettait de ne pas avoir parlé à sa mère au cours des dernières années, d'avoir perdu tant de temps pour rien. En montant dans sa voiture, elle sentit que le remords pesait de tout son poids sur son âme. Elle se dirigea vers Buhl, et devant le portail, inspira longuement pour chasser la peine et être prête à revoir sa mère qui lui avait malgré tout beaucoup manqué. Celle-ci arriva et, sans hésiter une seule seconde, la serra très fort contre elle. Nul mot ne fut échangé, car parfois les gestes veulent tout dire.

— Et papa, où est-il ? s'enquit Vérane, en entrant dans la maison.

— Papa est... mort. J'ai essayé de te prévenir, ma chérie, mais je n'ai pas eu la force d'insister... Je suis désolée... Tout s'est passé tellement vite... Quand je suis venue chez vous pour te l'annoncer, c'est Charles qui m'a ouvert la porte et qui m'a dit qu'il ne voulait rien savoir. Il m'a demandé de vous laisser tranquilles et m'a affirmé que tu étais plus heureuse sans moi... J'ai souffert et pleuré pendant des semaines entières...

Vérane s'assit dans un fauteuil et cacha son visage dans ses mains, afin d'empêcher les larmes de couler.

Malgré la masse confuse de pensées et d'émotions qui se bousculaient en elle, elle réussit à lever les yeux vers sa mère et murmurer :

— Je comprends, ne t'en fais pas. J'aurais voulu lui dire au revoir, mais maintenant c'est du passé, n'en parlons plus, maman.

— Il est mort dans son sommeil. Il n'a pas souffert. Depuis qu'il est parti, je ne suis plus la même. Ton père me manque, et j'espère que si le paradis existe, il m'attendra pour que je le revoie... Mais j'aime la vie, et maintenant que tu es là, j'ai envie de mieux connaître mes petits-enfants...

La pauvre femme se mit à sangloter.

– Maman, ne pleure pas, personne ne choisit de laisser ceux qu'il aime. C'est la vie qui nous quitte.

Vérane la prit dans ses bras pour la consoler, car elle ne supportait pas de la sentir aussi fragile et désespérée.

– Écoute, maman, je dois partir car j'ai quelque chose à faire.

– Tu ne peux pas rester encore un peu ?

– Non, maman, mais sache que j'ai été heureuse de te revoir. Tu n'as pas changé. Surtout, prends soin de toi.

– Quand nous reverrons-nous ?

– Je n'en sais rien… C'est compliqué… Rappelle-toi simplement que je t'aime, maman... Au revoir...

– Mais attends, ne pars pas si vite ! Je vois bien que tu en as gros sur le cœur et que tu retiens tes larmes...

– Je ne peux pas rester, maman. Ne t'inquiète pas. Tout passe...

Vérane quitta la maison et se retourna plusieurs fois avant de monter dans sa voiture. À présent, elle voulait plus que tout trouver Thibaut. Elle se souvenait qu'il lui avait dit qu'il travaillait dans un abattoir de la région, mais elle ne savait pas où. Et comme le couple ne s'était vu qu'en secret dans des lieux à l'écart, elle ignorait également où il habitait. Vérane roula longtemps dans l'espoir de l'apercevoir, reconnaître sa voiture, ou se remémorer un lieu dont il lui aurait parlé. Quand le soir tomba, elle était triste de ne pas avoir pu le voir, le toucher, l'embrasser… Elle retourna chez elle avec le sentiment qu'elle l'avait perdu pour toujours et que, décidément, elle avait presque tout raté dans sa vie. Dans les cadres accrochés aux murs, elle regarda les photos de ses enfants, qui étaient une de ses seules réussites.

Un sourire amer apparut sur ses lèvres. Ils ressemblaient autant à leur père qu'à leur mère et avaient en eux un peu de leur âme.

La jeune femme se servit un verre d'alcool fort, tout en écoutant la berceuse que Joséphine chantait à l'étage. Elle contempla par la fenêtre la grande église qui trônait, ce qui la rassura un peu. Elle se souvint alors des cinq petits flacons qu'elle avait mis dans son sac.

Elle retira leur bouchon de liège et versa leur contenu dans une petite bouteille vide, avant d'ajouter du vin rouge et de l'eau sucrée. Elle rangea la bouteille dans un placard, au milieu des autres vins et spiritueux. Elle continua de boire à petites gorgées et se sentit envahie par une chaleur bienfaisante. Tout lui paraissant subitement moins grave, elle s'assit sur le canapé et ne pensa plus à rien.

Plus tard, elle remercia la gardienne avant de lui donner congé. Pour une fois, le silence ne lui faisait pas peur. Elle avait confiance en elle et était certaine de la décision qu'elle avait prise. Elle pensait à Thibaut. Elle pensait à ses enfants, à sa mère, à son père, qui n'était déjà plus de ce monde. Et elle se demandait comment était la vie après la vie.

Elle se demandait si les morts pouvaient guider les êtres qui leur étaient chers de l'endroit où ils se trouvaient, s'ils pouvaient continuer de voir ceux qu'ils aimaient quand ils étaient encore ici-bas, et si la peine de ceux qui restaient pouvait s'effacer avec le temps.

6
Village de Murbach
« Les Mésanges »
Jeudi 15 novembre 1973
22:47

Charles arriva ivre, mais ne dit mot. Il fila de
suite dans la salle de bains afin de s'asperger le
visage d'eau froide. Les enfants étaient
couchés, et tout semblait calme.

Vérane était allongée sur le canapé, mais ne
dormait pas. Elle l'observa un moment tout
en gardant le silence.

Ses yeux étaient rougis par les larmes, et des
cernes s'étaient dessinés comme si la fatigue
l'avait envahie.

Tout en essayant de contrôler ses gestes,
Charles se rapprocha d'elle à pas feutrés et se
mit à genoux de façon à placer son visage
près du sien. Il avait besoin de lui parler, mais
craignait sa réaction.

Il attendit quelques secondes et, lorsqu'il
croisa de nouveau son regard, il souffla
quelques mots de sa voix la plus douce :

– J'ai bien réfléchi, Vérane. Je sais que tu ne me supportes plus, pourtant je n'ai jamais rien fait de mal et j'ai toujours été un bon mari et un bon père. J'ai toujours travaillé pour vous nourrir et pour que vous ayez un toit au-dessus de la tête, mais puisque ça ne te suffit plus, j'ai pris une décision : comme mes parents n'ont que moi et qu'ils sont vieux et malades, je voudrais m'occuper d'eux pendant le peu de temps qu'il leur reste à vivre. Pour ce faire, je les installerai ici, et toi et les enfants, vous trouverez un autre logement. Je n'ai pas envie de vivre loin de vous, mais une séparation nous fera certainement du bien, et peut-être que tu comprendras que sans moi, tu ne peux rien faire. Tu es d'accord ? demanda-t-il en se redressant.

Vérane se leva d'un bond afin de lui faire face.

– C'est une blague ?! s'exclama-t-elle, ulcérée. Tu oserais mettre tes enfants dehors pour que tes parents puissent emménager ? Tu devrais avoir honte !

– Peut-être que les enfants pourraient rester… Et puis avec Joséphine, on s'en sortirait bien !

– Mais tu as un cœur de pierre !

– Non, mais je vois bien que tu ne m'aimes plus. La dernière fois, tu m'as dit que tout était fini ! Et je ne veux pas que mes parents meurent seuls, voilà   tout !

— Charles, j'ai vu ma mère qui m'a raconté qu'elle était venue pour m'annoncer le décès de mon père. Tu me l'avais caché ça aussi ! Tu parles d'amour, mais ce que tu aimes par-dessus tout, c'est faire souffrir les gens que tu crois plus faibles que toi ! Alors, écoute-moi bien, si je quitte cette maison, ce ne sera pas pour que tes parents s'y installent. Et en ce qui concerne les enfants, j'ai déjà tout arrangé cet après-midi. De toute façon, mieux vaut qu'ils ne suivent pas ton exemple ! Tout est fini entre nous, c'est vrai, mais tu es encore pire que ce que je croyais !

— Tu n'as pas le droit de m'enlever mes enfants !

— Mais c'est tout juste s'ils te connaissent ! Tu ne leur a jamais demandé comment ils allaient, si leur école leur plaisait ! Tu ne les a jamais aidés à faire leurs devoirs, et tu ne te souviens même pas de la date de leur anniversaire !... Pourtant, tous les soirs, ils te réclament pour que tu leur racontes une histoire avant de s'endormir ! En fait, tu ne sais rien d'eux !... Jamais tu ne les as emmenés avec toi en balade ou au manège en ville ! Tu ne penses qu'à toi!

— Peut-être, mais ce sont mes enfants autant que les tiens !

– Tu les as perdus depuis longtemps, Charles...

– ... et toi, tu as perdu la tête...

– Ne t'inquiète pas, je sais parfaitement que tu veux te débarrasser de moi... Eh bien, tu as gagné. Je te souhaite quand même tout le bonheur du monde, car il y a un Dieu qui te regarde, et si ce n'est pas lui, sache que la vie, elle, punit ceux qui sont incapables de bonté. La roue tourne. Elle tourne très lentement, c'est vrai, mais lorsque tu auras l'impression de lui avoir échappé, ta conscience te fera endurer les pires tourments. Un homme ne peut pas vivre avec une conscience plus sale encore que ses mains.

– Tu aimes un autre homme, c'est ça ?

– Si c'était le cas, je ne te le dirais pas. Car moi, je ne sais pas comment faire du mal, blesser ceux que j'aime, les considérer comme s'ils étaient moins que rien. Cela ne fait pas partie des valeurs et des principes qui sont ancrés en moi. D'ailleurs, je me battrai jusqu'à la dernière seconde de ma vie pour que le bien triomphe.

– Moi, j'avais une maîtresse, mais je ne la vois plus. Je crois qu'elle vit en Bretagne maintenant...

– Je ne pense pas qu'elle aurait supporté tout ce que j'ai enduré, mais je suis heureuse de l'apprendre comme cela. Encore une fois, ça prouve que tu es un égoïste incapable d'aimer et de te préoccuper des sentiments des autres.

– Quelle franchise !

– Tu te trompes, la franchise, ce n'est pas dire des choses qui blessent. C'est dire la vérité tout en sachant qu'elle ne portera préjudice à personne.

Charles se leva et se dirigea vers la cuisine. Il ouvrit un placard et, pendant un moment, scruta les bouteilles afin de choisir celle qui allait lui permettre d'étancher sa soif. Il avait absolument besoin d'un remontant après les paroles qu'ils venaient d'échanger. Il était sur le point de saisir une bouteille de cognac quand il fut attiré par la couleur rosâtre d'une petite bouteille qu'il n'avait jamais vue auparavant. Il pensa qu'un de leurs visiteurs avait dû leur offrir cette boisson, après l'avoir confectionnée de manière artisanale. En effet, la petite bouteille ne portait pas d'étiquettes, et comme elle était pleine, il savait qu'il n'avait pas encore goûté son contenu. Il se servit alors un grand verre et, malgré l'absence d'odeur, l'avala d'un trait. Il fit une grimace, car la saveur n'était ni bonne ni mauvaise, mais particulière. Même s'il était sûr qu'elle était à base de vin, il ne parvenait pas à comprendre pourquoi cette boisson amère et acide à la fois heurtait à ce point son palais. Il se versa une nouvelle rasade et la but sans hésiter. Cette fois, il apprécia cet étonnant mélange, mais préféra ne pas se resservir.

Pendant ce temps, Vérane était allée dehors pour respirer un peu d'air frais. Le vent s'était levé, la nuit était noire, et l'atmosphère était chargée d'humidité. La jeune femme regardait le ciel en priant pour obtenir de l'aide et avoir assez de courage pour aller jusqu'au bout. Tout en regrettant de ne pas avoir vu Thibaut, elle se disait que cela ne changeait rien, puisqu'il était temps d'agir, de ne plus avoir peur. Elle se sentait prête, bien qu'elle ne soit pas certaine de trouver le bonheur « de l'autre côté ». Elle devait avancer sur le chemin qu'elle avait décidé d'emprunter, même si elle ignorait où il la conduirait. Elle inspira en fermant les yeux comme si l'air qu'elle respirait allait demeurer en elle, comme une relique de son passé, un souvenir succinct. Elle avait toujours pensé que l'air de son village n'était pas le même qu'ailleurs, qu'il était pur et saint comme l'esprit qui y régnait.

Charles s'assit sur la chaise bancale qu'il affectionnait tant. Soudain il ressentit une grande fatigue, et son corps tout entier commença à le faire souffrir. Persuadé qu'il avait trop bu, il monta dans sa chambre et s'allongea. Il était sûr que ces horribles crampes à l'estomac passeraient après une bonne nuit de sommeil.

Lorsqu'elle rentra, Vérane entendit des pleurs. C'était Blanche qui avait sans doute fait un cauchemar. Elle monta dans sa chambre et la prit dans ses bras. Elle l'embrassa pour la consoler et la serra contre elle jusqu'à ce que la petite se sente mieux. Puis elle la recoucha et la regarda un instant pendant qu'elle se rendormait. Comme elle n'avait aucune envie de faire ce qu'elle avait planifié, Vérane songea qu'elle agirait le lendemain et trouverait le moment le plus propice. N'ayant pas non plus la force de revoir Charles, elle se coucha près de Florence qui partageait la même chambre que Blanche. Bien que hantée par l'image de Thibaut, elle parvint à s'endormir en écoutant les respirations de ses deux anges qui berçaient la nuit.

7

Village de Murbach
« Les Mésanges »
Vendredi 16 novembre 1973
6:00

Le téléphone sonna. Vérane se réveilla en
sursaut et descendit l'escalier en courant pour
pouvoir répondre à temps.
– Allô ? Joséphine ? Oui, je t'écoute...
D'accord, merci de m'avoir prévenue... Je vais
me débrouiller pour les emmener à l'école.
Surtout soigne-toi bien et repose-toi ! À
bientôt, Joséphine.
Elle s'empressa de lever Lisa et Guillaume,
puis Florence et Blanche, qu'elle habilla en
toute hâte. Elle prépara leur petit-déjeuner,
puis remonta pour s'assurer que les deux plus
grands s'étaient lavés pour aller à l'école.
 Après qu'ils eurent tous mangé, elle les aida à
préparer leur cartable. Une fois qu'elle eut
installé les quatre enfants dans la voiture,
Vérane tourna la clé de contact à plusieurs
reprises, mais l'automobile refusa de

démarrer. La première chose qui lui vint à l'esprit, fut que Charles l'avait probablement sabotée pour qu'elle ne puisse pas s'en aller. Puis elle remarqua que sa voiture se trouvait dans la cour.

Il n'était toujours pas parti, lui qui normalement quittait la maison avant l'aube.

Elle laissa les enfants dans la voiture et se dépêcha de vérifier si son époux était encore dans leur chambre. En effet, elle le vit dans leur lit.

– Charles, tu ne lèves pas ? Ma voiture ne démarre pas ! Je dois emmener Lisa et Guillaume à l'école, car Joséphine ne viendra pas, elle est malade. Charles ?!

Comme il ne réagissait pas, elle s'approcha de lui et éleva la voix pour le réveiller :

– Charles, tu m'entends ?!

D'ordinaire, il avait le sommeil léger et s'éveillait facilement. Vérane se dit tout d'abord qu'il avait dû trop boire la veille, mais ne tarda pas à se rappeler qu'il lui avait parlé d'une façon plutôt normale, contrairement aux soirs précédents où il l'avait insupportée avec son bafouillage d'ivrogne. Elle osa alors effleurer ses épaules, ses bras, mais en vain. Persuadée qu'il faisait exprès de ne pas bouger, elle se mit à le secouer énergiquement. Après avoir tenté de percevoir sa respiration, elle se résolut à toucher son poignet droit pour prendre son pouls, mais ne sentit rien. Elle fut du reste choquée par la froideur de sa peau.

Alors elle recula de quelques pas en se demandant ce qu'elle allait faire. Elle avait du mal à se dire qu'il était décédé, même si elle n'avait perçu aucune pulsation. L'esprit embrumé de doutes, elle sortit de la chambre et, une fois en bas des escaliers, décrocha le téléphone pour alerter le médecin de famille.

– Bonjour, c'est Vérane Meyer. Je vous appelle, car je crois que mon mari est mort ! Venez vite, je vous en prie !... Non, je l'ai découvert dans son lit ! D'accord, à tout de suite !

Afin que l'attente ne lui paraisse pas trop interminable, la jeune femme alla chercher ses enfants et les fit asseoir dans la cuisine en leur expliquant que le docteur allait venir pour soigner leur père, car il avait certainement attrapé le même virus que Joséphine. Lisa et Guillaume étaient plutôt contents, car ils savaient qu'ils n'iraient sans doute pas à l'école. Ils s'occupèrent de leurs petites sœurs sans percevoir à quel point leur mère était stressée, apeurée.

Au bout de dix minutes, une sirène se fit entendre. Elle résonnait dans la vallée, et son écho amplifiait l'angoisse. Le médecin de famille se gara dans la cour ; une ambulance, qu'il avait lui-même appelée, fit de même. Puis arriva une voiture de gendarmerie. Après que Vérane eut conduit les ambulanciers jusqu'à son mari, son médecin lui demanda de lui expliquer les circonstances de l'accident avant d'aller examiner le corps inanimé. Puis, un gendarme, le plus grand de tous, lui posa des questions, comme s'il cherchait à connaître les moindres détails concernant la mort de Charles.

Quand la jeune veuve lui indiqua que l'alcoolisme de son mari nuisait à leur vie de couple et les amenait parfois à se disputer, il se mit à l'écart et téléphona sans que personne ne pût entendre ce qu'il disait.

D'autres hommes en uniforme entrèrent dans la maison et commencèrent à fouiller partout, comme s'ils cherchaient quelque chose en particulier pouvant expliquer cette disparition subite. Ils investiguèrent dans toutes les pièces, jusqu'à ce que les ambulanciers, le visage blême, redescendent. Le médecin de famille les suivait de près. Il ne tarda pas à se diriger vers les gendarmes afin de leur toucher quelques mots à voix basse :

– Monsieur Meyer est bien mort. Aucune réactivité à l'examen neurologique, absence de réponse à la douleur, disparition des réflexes, disparition du réflexe d'oculocéphalogyre et photomoteur pupillaire, du réflexe oculocardiaque, du réflexe cornéen, de la ventilation spontanée. Arrêt cardiaque et respiratoire complet. Heure approximative du décès : une heure du matin, selon moi, mais le médecin légiste pourra sans doute être plus précis. J'ai déjà appelé pour que le corps soit emmené à la morgue.

Un des gendarmes s'avança vers Vérane afin de l'interroger. Sa voix était aussi laide que son visage.

– Donc vous avez dormi dans la chambre des petites. Pourquoi ?

– Charles et moi, nous nous sommes encore disputés hier soir. Je suis sortie pour respirer un peu, et quand je suis rentrée, j'ai entendu Blanche pleurer et je suis montée pour la consoler. Comme je ne voulais pas dormir avec lui, je me suis allongée à côté de Florence pour passer la nuit.

L'officier qui s'était isolé pour passer un appel, lança :

– Je viens d'avoir le parquet au téléphone. Madame, nous allons être obligés de vous demander de nous suivre pour répondre à quelques questions. Surtout ne vous y opposez pas, car ce serait dommage de vous passer les menottes.

– Non, je suis d'accord, répondit-elle, mais je ne peux pas laisser mes enfants tout seuls. Ils sont trop jeunes, vous comprenez ?

Au même instant, deux femmes descendirent de la fourgonnette dans laquelle elles avaient attendu patiemment ; elles paraissaient hautaines et, même si elles ne se ressemblaient pas, un sourire malicieux illuminait leur visage, comme si elles jubilaient d'arriver dans une maison où le drame venait de frapper.

– Qui sont ces femmes ? demanda Vérane.

– Oh, laissez-moi me présenter, déclara celle qui semblait la plus âgée. Je m'appelle Ghislaine, et voici Gertrude. Nous sommes employées par les services sociaux du département. Nous avons été requises par le parquet pour prendre en charge vos enfants, afin qu'ils soient épargnés au cas où vous auriez à répondre de vos actes...

– C'est une plaisanterie ?! s'exclama-t-elle, interloquée. Jamais je ne vous laisserai me séparer d'eux !

– J'ai bien peur que vous n'ayez pas le choix, madame, lança l'autre femme d'un air de défi. Vos enfants seront en sécurité avec nous, et ils ne manqueront de rien. Où sont-ils d'ailleurs ?

– Je ne vous autorise pas à rentrer chez moi. Vous n'avez pas le droit ! Vous n'avez pas le droit de m'enlever mes petits!

– Nous obéissons aux ordres qui nous ont été donnés, madame.

– Avez-vous des enfants ? Vous savez ce que vous êtes en train de faire ? Vous savez que vous êtes en train de m'anéantir en me traitant comme ça ?

– Nous n'en avons pas, mais je vous le répète, nous n'avons pas le choix. Quand la justice aura la certitude que vous êtes innocente, vous les retrouverez.

– Mais je n'ai rien fait ! Je vous défends de me parler ainsi ! Je vous défends de leur parler !

La présence des forces de l'ordre confortait les dames. Elles entrèrent et ressortirent quelques minutes plus tard de la demeure en tenant les quatre enfants par la main.

– Non ! laissez-les tranquilles ! cria Vérane.

Mais les gendarmes qui avaient l'habitude de ces situations délicates, la tenaient déjà par les bras afin qu'elle ne puisse pas empêcher les deux assistantes sociales de remplir leur devoir. Au bout d'un moment, la jeune veuve finit par se calmer et leur indiqua qu'elle souhaitait dire au revoir à ses enfants, qui hurlaient et ne comprenaient pas ce qu'il se passait. Elle s'agenouilla devant Lisa et lui parla avec amour.

– Lisa, je t'aime, mon ange, et comme tu es l'aînée, je voudrais que tu prennes soin de tes frère et sœurs jusqu'à ce que je revienne. Tu verras que le temps passera très vite, et quand on se retrouvera, je te promets qu'on ne se quittera plus jamais.

La fillette pleurait à chaudes larmes, mais Vérane savait qu'elle devait se dépêcher et, le cœur serré, elle prit Guillaume, Florence et Blanche dans ses bras et les serra très fort. Le petit garçon agrippa sa jambe et ne voulut plus la lâcher. Il avait peur comme les autres. Elle les embrassa une dernière fois et, lorsqu'elle les vit entrer dans la fourgonnette, se mit à pleurer.

Une fois les quatre enfants installés, le véhicule démarra lentement. La mère désespérée se tenait debout entre deux gendarmes et regardait partir la chair de sa chair. Lisa lança quand même un dernier regard à sa maman. Celle-ci espérait que ce n'était pas la dernière fois qu'elle les voyait. Jamais auparavant elle n'avait éprouvé un sentiment aussi intense, aussi poignant. On venait de lui voler ce qu'elle avait de plus précieux au monde. Elle aurait préféré mourir plutôt que d'assister à une telle scène. Elle monta dans la voiture bleue tout en se demandant si la suite pourrait être pire. Elle serrait les dents. Elle pleurait. Elle pensait à sa mère. Elle pensait aussi à Thibaut, car sans lui, elle se sentait abandonnée. Charles était mort et, dorénavant, elle était persuadée qu'elle serait seule contre tous.

8
Ville de Guebwiller
À la gendarmerie
Samedi 17 novembre 1973
10:38

Depuis son arrivée à la gendarmerie de Guebwiller, Vérane était enfermée dans une cellule dans le sous-sol du bâtiment. Les gendarmes lui avaient juste demandé de signer des documents pour que la garde à vue puisse débuter. La cellule était une pièce de quelques mètres carrés, où il n'y avait aucun confort, sinon une couverture d'une saleté repoussante pour lutter contre le froid. Il n'y avait pas de point d'eau pour se laver ou boire. À l'aube, un officier lui avait apporté un plateau-repas absolument dégoûtant, accompagné d'un thé tiède. Dans les cellules d'à côté, d'autres gens étaient privés de liberté. Certains hurlaient sans arrêt, et leurs cris résonnaient dans les couloirs. Vérane n'était pas parvenue à dormir depuis qu'elle était ici.

Elle n'avait cessé de fixer les barreaux, dans l'espoir que quelqu'un viendrait la chercher. Mais on l'avait complètement ignorée depuis son entrée dans cette « cage ».

Soudain elle entendit son nom, puis des pas se rapprochant. Persuadée qu'on venait pour elle, elle se leva, prête à sortir de cet endroit qui lui répugnait. L'homme en tenue de gendarme mit quelques minutes à trouver la bonne clef dans son trousseau, qui en comportait beaucoup d'autres.

Il lui demanda de le suivre et l'emmena dans une salle, où une table et deux chaises étaient les seuls meubles qui coexistaient.

Vérane s'assit.

Quand la porte de la pièce se referma, elle se retrouva une nouvelle fois seule. Dix minutes passèrent, peut-être plus. Un homme entra. Il était âgé, maigre et grand. Une femme apparut à sa suite et installa devant elle une machine à écrire afin de retranscrire tout ce qui allait être dit.

L'homme prit place en face de Vérane et posa un dossier sur la table. Il mit ses coudes sur celle-ci et, pendant plusieurs secondes, fixa sans parler la jeune veuve, qui se sentait totalement désemparée. Soudain, sa voix cassa le silence.

– Madame, comment vous appelez-vous?

– Vérane Meyer.

— Quel est votre âge ?

— Trente et un ans. J'en aurai trente-deux le 19 février.

— Votre profession ?

— Je travaille à la pharmacie de Lautenbach. Je prépare les médicaments, et je les vends quand la patronne prend ses congés.

— Depuis combien de temps étiez-vous mariée avec Charles ?

— Depuis dix ans.

— Et combien avez-vous eu d'enfants ?

— Lisa qui a huit ans, Guillaume, six ans, Florence, quatre et demi, et la dernière, Blanche, qui a presque deux ans.

— D'accord. Que s'est-il exactement passé le soir du jeudi 15 novembre ?

— Charles est rentré vers onze heures. Alors que j'étais allongée sur le canapé, il m'a annoncé que les enfants et moi, nous allions devoir quitter notre maison pour que ses parents malades puissent s'y installer. Il m'a dit qu'ils allaient mourir et qu'il voulait s'occuper d'eux. Après notre dispute, j'ai préféré aller prendre l'air. Lorsque je suis rentrée, j'ai entendu Blanche pleurer. J'ai constaté que Charles n'était plus en bas et j'ai pensé qu'il était allé se coucher. Comme je ne voulais pas le voir, je me suis endormie dans la chambre de mes filles.

— Puis au réveil, comment l'avez-vous découvert?

— Je me suis levée vers six heures, car j'avais entendu le téléphone sonner.

— Qui était-ce ?

— C'était Joséphine, la jeune fille qui s'occupe des enfants quand je travaille. Elle m'a dit qu'elle était malade et ne pourrait pas venir les chercher. Alors j'ai préparé les petits, puis nous sommes montés dans la voiture, mais celle-ci n'a pas voulu démarrer. Comme j'avais vu que la voiture de mon mari était encore là, j'en ai conclu qu'il ne s'était pas réveillé, et je suis montée dans notre chambre pour lui demander s'il pouvait faire quelque chose. En voyant qu'il ne bougeait pas, je me suis mise à le secouer assez fort, car j'étais persuadée qu'il était encore en vie. Devant son manque de réaction, j'ai décidé de tâter son pouls, mais je n'ai rien senti. Alors je suis descendue et j'ai aussitôt appelé le médecin.

— D'accord. Le parquet attend les résultats de l'autopsie. Quand nous aurons plus d'informations, vous serez entendue par le juge d'instruction qui a été saisi de cette affaire. Vous allez devoir prendre un avocat. Dans la mesure où vous ne pouvez pas vous le permettre, il vous en sera commis un d'office. À partir du moment où vous êtes inculpée, vous avez le droit de garder le silence, mais je suis sûr que vous le savez déjà.

– Mais monsieur, je n'ai rien fait ! Je ne suis pas une criminelle ! Je sais que mon mari est mort, mais je n'y suis pour rien ! Je vous en prie, laissez-moi retourner auprès de mes enfants !

– Écoutez, madame Meyer, je sais que c'est difficile, mais les procédures sont longues et vous devrez donc faire preuve de courage et de patience. Il y a des lois, et tant que votre innocence ne sera pas prouvée, vous ne pourrez pas reprendre une vie normale. Vous comprenez ?

– Je vous en supplie, je veux sortir d'ici... Je suis innocente, je vous le jure...

– L'enquête nous en dira plus. Nous allons interroger le voisinage et chercher les causes du décès de votre mari pour y voir plus clair. Si j'avais le choix, madame, je vous laisserais libre, mais je porte un uniforme et je dois donc accomplir mon devoir. La justice cherche la vérité. Si votre époux était encore vivant, vous ne seriez pas là, n'est-ce pas ? Maintenant, vous allez retourner en cellule. Je ne sais pas quand, mais des officiers viendront vous chercher pour vous emmener à la prison de Mulhouse. C'est là que vous resterez le temps de la procédure, et jusqu'au procès, si le juge d'instruction décide de poursuivre. Allez, de la force et du cran!

Vérane ne lui avait pas parlé de Thibaut, car elle avait craint que l'homme ne se dise qu'il était mêlé à la mort de Charles et ne l'arrête. Elle ne lui avait pas dit non plus qu'à cause de son alcoolisme, son mari pouvait se montrer violent au point de l'insulter, la maltraiter, car cela lui aurait donné un mobile.

Elle avait raconté ce qu'il s'était passé, mais n'avait pas abordé les sujets qui auraient pu inciter les gendarmes à fouiller son passé tumultueux. De retour dans sa cellule, la jeune veuve s'adossa contre le mur et tenta d'apercevoir le ciel. Entendre le chant des oiseaux, contempler l'église de Murbach, respirer le bon air de son village… tout cela commençait déjà à lui manquer. Mais par-dessus tout, elle aurait aimé se réfugier dans les bras de Thibaut, qu'elle avait vraiment dans la peau. Elle se rendait compte que sans lui, elle ne parviendrait pas à aller de l'avant. Qu'il était en fait celui qu'elle attendait depuis qu'elle était capable d'aimer ; qu'elle l'aimait de la pointe des pieds jusqu'au bout des doigts.

Elle chérissait non seulement son cœur, mais aussi son corps, sa voix, son rire, ses paroles, sa démarche...

Enfin, tout. Elle pensait à lui en souhaitant qu'il la rejoigne, et ce, même si on venait de la priver de liberté.

Qu'il l'enlace, afin qu'elle ait envie de renaître, de lutter et d'envisager un avenir heureux. Elle voulait qu'il lui dise encore une fois combien il l'aimait, et avait hâte de lui avouer qu'elle ressentait la même chose. Elle l'attendait comme le désert attend la pluie.

9
Ville de Guebwiller
Bâtiments de la gendarmerie
Lundi 19 novembre 1973
08:25

Vérane avait passé toute la journée, tantôt allongée, tantôt assise, le dos contre le mur, à attendre qu'on vienne la chercher. Après l'interrogatoire, elle avait juste vu l'officier chargé de lui apporter à manger. Le peu qu'elle avait dormi, son sommeil avait été dérangé par les bruits des portes métalliques, des verrous, des clés et des autres prisonniers. Dans ce lieu des plus sombres, elle étouffait. La veille, elle avait fini par s'allonger sur le sol, et dormir avait été sa seule distraction pour que le temps passe plus vite. L'officier dont elle connaissait déjà le visage, vint subitement ouvrir la cellule. Effrayée, la jeune femme se leva précipitamment. Elle semblait perdue, ne se rappelant plus pourquoi elle était là.

Puis quand elle vit l'homme, elle eut juste à observer ses gestes pour comprendre qu'elle allait être emmenée. Elle le suivit en regardant le sol, et deux officiers la prirent par le bras pour la conduire jusqu'à un fourgon de gendarmerie, avec des grilles qui la séparaient des autres passagers.

Vérane se trouvait dans ce camion comme dans un cachot. Encore une fois, elle ne pouvait ni voir le ciel, ni regarder les gens libres. Elle avait la tête baissée et avait envie de hurler pour se libérer de toutes ses frustrations. Elle aurait tant aimé que Thibaut entende ses appels au secours...

Le fourgon avançait à vive allure et, pendant les minutes qui s'écoulèrent, Vérane eut le sentiment que le lieu où elle se rendait, serait encore pire que la cellule de la gendarmerie. Elle avait l'estomac qui se nouait de plus en plus, et devant ses yeux, défilaient des images évoquant ses enfants, son amant, mais aussi le cadavre de Charles. Puis la camionnette s'arrêta. On ouvrit les portes arrière et les grilles, et les deux officiers ne lâchèrent pas la jeune femme jusqu'à l'entrée d'un couloir. Ils lui firent ensuite franchir plusieurs portes, jusqu'à ce qu'elle se retrouve devant un homme en costume. Les deux officiers la lâchèrent alors, mais restèrent quand même à ses côtés le temps que l'inconnu se présente. Il était gros, mais ses traits étaient pleins de douceur. Il avait dans les yeux quelque chose de rare et de précieux. De la pitié.

— On m'a parlé de vous, madame. Je suis Jacques Bontampe, directeur de cette prison. J'espère que vous serez à votre aise ici... Je vois que vous n'avez pas emporté d'affaires avec vous. Dans cette maison d'arrêt, les règles sont simples : trois repas par jour, que vous prendrez dans votre cellule. Vous vous laverez une fois tous les deux jours, le matin ou le soir. Vous pourrez vous promener une heure le matin et une heure le soir, dans la cour. Vous pourrez également envoyer et recevoir des lettres, et si un jour quelqu'un veut vous rendre visite au parloir, il devra nous en faire la demande. C'est à peu près tout.

La jeune femme comprit tout de suite qu'elle ne s'était pas trompée. Cet endroit était bien pire que le précédent, et elle devrait y rester enfermée, cloîtrée.

Elle ne répondit pas, car elle n'avait rien à dire. Elle n'allait jamais pouvoir être heureuse dans cet endroit sinistre, et elle en voulait au monde entier. Les deux officiers la reprirent par le bras et la conduisirent jusqu'à la porte de la geôle qui lui était destinée. C'était une porte blindée, et une petite vitre permettait de voir à l'intérieur en toutes circonstances. Ainsi les personnes prisonnières pouvaient être surveillées de jour comme de nuit. Dès qu'elle entra dans la cellule, elle regarda autour d'elle et constata à quel point son sort était peu enviable. Après le départ des deux officiers, un vrai gardien de prison lui rendit visite ; de prime abord, il lui parut sympathique. Il lui parla un instant avant de refermer la porte et de la verrouiller ; il l'observa quelques secondes, puis reprit sa tournée. Vérane s'assit sur un tout petit lit, dont les pieds étaient en fer.

Des taches de moisissure apparaissaient sur tout le matelas. En face du lit, une table en bois, une chaise, et dans l'angle droit de la pièce, un lavabo en céramique blanche, qui était horriblement sale. Mais le pire, c'étaient les murs, gravés d'initiales, de poèmes, de messages, de dates et de dessins.

Vérane s'aperçut aussi qu'il y avait une petite fenêtre qui donnait sur l'extérieur, mais de celle-ci, on ne voyait rien.

Certes la lumière du jour entrait par moments, mais les barreaux étaient si nombreux qu'il était impossible de réellement en profiter.

La jeune femme s'allongea et observa le plafond de la pièce, dont la peinture qui était sans doute blanche à l'origine s'écaillait. Par endroits, la couleur était plus foncée, car l'humidité était en train de tout ronger. Elle resta les yeux ouverts pendant de longues minutes. Elle savait que désormais, sa vie ne serait plus jamais la même. Qu'il était trop tard pour songer à la liberté. Et que si elle voulait un jour recouvrer la liberté, elle devrait lutter de toutes ses forces. En cet instant, sa faiblesse était si grande qu'aucune larme ne coulait, qu'aucune pensée ne parvenait à la réconforter. À force de fixer le plafond, ses yeux se fermèrent petit à petit, et malgré le froid ambiant, elle réussit à s'endormir.

Elle ne rêva que de Thibaut, tant son envie de le revoir était intense. Il était le seul à pouvoir calmer son mal-être, à pouvoir l'inciter à ne pas désespérer. Son image la réconfortait, lui permettait de croire encore et toujours à l'Amour. Il y avait au moins un être sur terre qui l'aimait vraiment, et s'il apprenait qu'elle était là, il ferait tout pour la sauver.

Le soir, Vérane ne mangea rien. Durant cette première nuit, elle ne cessa de se réveiller et de se rendormir. Par moments, elle ne sentait presque plus ses bras, ses jambes, à force d'être allongée, mais son cœur continuait de battre. Parfois les hommes vivent, parfois ils existent simplement.

10
Ville de Colmar
Centre-ville
Mardi 20 novembre 1973
11:25

Thibaut avait eu envie de se promener dans les rues de Colmar. Cela faisait plusieurs jours qu'il n'avait pas vu Vérane, car lorsqu'elle avait refusé sa bague, son orgueil en avait pris un coup. Pour avoir une chance de lui prouver l'intensité de son amour, il avait décidé de la quitter et d'attendre sa réaction. Il était donc venu à Colmar dans l'espoir de se changer les idées, voir un peu les boutiques, flâner tranquillement et découvrir une commune qu'il ne connaissait pas bien.

Une fois arrivé dans le centre-ville, il but un café noir, assis à une terrasse ensoleillée. L'air étant tout de même frais, il tenait sa tasse entre ses deux mains afin de se réchauffer. Quelqu'un dans les bâtisses d'en face avait ouvert sa fenêtre en grand, et l'on pouvait entendre sans effort la musique qui s'en échappait.

Dalida chantait *Parle plus bas*.

Thibaut écoutait les paroles de la chanson tout en se demandant ce que sa douce était en train de faire. Elle lui manquait, mais il n'avait plus envie d'être seulement son amant. Il refusait désormais de la partager avec un autre homme.

Il voulait l'avoir auprès de lui jusqu'à la fin de ses jours, et si cela s'avérait impossible, alors il essayerait de l'oublier avec le temps...

Après avoir bu son café, il paya sa note et continua sa balade. Il était presque midi, et les marchands ambulants remballaient petit à petit leurs étals de poissons, de légumes, de viennoiseries et d'objets en bois fabriqués dans la région.

Thibaut s'engagea dans une rue où seul un bureau de tabac était ouvert. Dans la devanture, des magazines étaient présentés, ainsi que des pipes et des briquets en tout genre.

Après avoir parcouru un certain nombre de titres accrocheurs, le regard du jeune homme fut subitement attiré par la une d'un quotidien régional. Stupéfait, il dut la lire à plusieurs reprises : « Interpellée pour l'assassinat de son mari ». Il rentra dans la boutique et s'empara du journal pour comprendre ce dont il s'agissait. La photographie qui se trouvait sous le titre, montrait la maison de Vérane à Murbach. Il s'empressa de l'acheter, retourna s'asseoir à la terrasse où il commanda un autre café, puis s'empressa de lire l'article.

Une habitante de Murbach a été interpellée ce vendredi 16 novembre 1973, à son domicile et inculpée pour l'assassinat de son mari, un bûcheron âgé de trente-trois ans, qui travaillait dans les forêts de la région. Madame Meyer a été entendue par les services de gendarmerie de Guebwiller, et le parquet a décidé de l'incarcérer jusqu'à ce qu'elle soit interrogée par le juge d'instruction. Les quatre enfants du couple ont été confiés aux services sociaux du département. Elle est accusée d'avoir tué son époux d'une façon mystérieuse et d'avoir tenté de cacher toutes les preuves aux autorités. Elle séjourne donc à présent à la maison d'arrêt de Mulhouse. Le procès aura lieu dans quelques mois, le temps pour les enquêteurs de poursuivre leurs investigations.

Thibaut referma le journal ; il n'arrivait pas à croire à cette histoire. Même s'il n'en avait pas entendu parler, il était évident qu'il s'agissait de Vérane et sa famille. Il prit sa tête entre ses mains en se demandant s'il n'était pas en train de rêver. Toutefois, malgré le choc, il se résolut à aller la voir afin de l'aider à faire face à cette épreuve et lui permettre d'échapper rapidement à cet enfer. Il prit aussitôt la direction de la maison d'arrêt de

Mulhouse. Son cœur était comprimé dans sa poitrine comme si le temps pressait, comme si tout son univers était sur le point de s'effondrer. Il gara sa voiture devant l'austère établissement, puis frappa à la porte en bois. La personne qui lui ouvrit, le laissa passer sans lui poser la moindre question. Thibaut demanda à un agent de l'accompagner jusqu'au parloir afin de rendre visite de toute urgence à Vérane. On le fit asseoir et attendre derrière une vitre. La jeune femme arriva devant lui, menottes aux poignets.

Elle regardait le sol, son visage était fatigué, son corps semblait sans force, mais quand elle le vit, une étincelle jaillit dans ses yeux. Elle s'assit en face de son bien-aimé et le dévisagea en silence, car en dépit de la joie qui submergeait son être, elle ne parvenait pas à croire qu'il était vraiment là.

— Comment vas-tu ? lui demanda-t-il dans un murmure.

— Tu es venu ! ne put-elle s'empêcher de s'exclamer.

— Lorsque j'ai lu dans le journal ce qui t'était arrivé, je me suis précipité ici pour te voir. Tous ces événements sont terribles !

— Je sais. Surtout que je n'ai rien fait. C'est moi qui voulais mourir, car je ne voyais pas le bout du tunnel. Mais jamais je n'ai songé à tuer Charles. On m'a enlevé mes enfants et on m'a interrogée comme si j'étais coupable, puis on m'a amenée ici. Dans quelque temps, je serai reçue par le juge d'instruction, et j'espère que lui me croira.

– Moi, je te crois. Écoute, je regrette tout ce que je t'ai dit, et je te jure qu'on va se battre tous les deux. Je t'aime trop pour accepter l'idée de te perdre.

– N'en parlons plus. Tu es venu, et c'est tout ce qui compte...

–Comment puis-je t'aider ? Tu as besoin de quelque chose ?

–Deux agents se tenaient debout derrière Vérane afin de s'assurer que le temps de conversation était bien respecté.

– Tout ce que je souhaite, c'est que tu viennes me voir le plus souvent possible. Sinon je ne sais pas comment je réussirai à survivre ici !

– Oui, je te promets de venir. Au fait, tu as un avocat ?

– D'après ce que l'on m'a dit, je le rencontrerai quelques jours avant d'être présentée devant le juge d'instruction.

– Bien, je vais réfléchir aux moyens de te faire libérer, mais je ne peux rien te promettre. Le plus important, c'est que tu parviennes à te disculper ! Pour le reste, on verra plus tard. En tous les cas, ma chérie, je te supplie de ne pas baisser les bras.

Thibaut tenta de sécher ses larmes pour cacher son angoisse, mais il avait du mal à supporter de la voir dans cet état, de ne pas pouvoir la prendre dans ses bras et repartir avec elle. Il aurait voulu savoir combien de temps elle resterait entre les quatre murs de cette prison, et quand les magistrats reconnaîtraient enfin son innocence. En effet, que la justice ait tort ou raison, c'était elle qui aurait le dernier mot, et la parole d'un homme ne faisait pas le poids face à elle. La justice était notamment personnifiée par le juge qui allait instruire cette affaire, et il fallait absolument qu'il trouve la vérité, car Vérane ne méritait pas de souffrir pour rien. Un long moment de silence figea les esprits. Thibaut ne pouvait s'empêcher de la dévisager. Nul besoin de mots en cet instant, leurs yeux parlaient d'eux-mêmes.

– Je suis vraiment désolé de ce qui t'arrive… J'ignorais que tu étais là, sinon je serai venu te voir plus tôt.

– Ce n'est rien... J'espère seulement qu'un jour je pourrai de nouveau aimer. Car ici, c'est cela qui manque. Je ne suis ici que depuis quelques heures, mais je sais déjà qu'il y a de la nourriture, des promenades pour sortir, de l'eau pour boire, un lit pour dormir, mais qu'aucun amour n'anime les hommes. Ici, la flamme de l'humanité est éteinte, et personne n'est capable de la rallumer. Ici, c'est déjà l'enfer.

– J'en suis sûr, mais il faut tenir. Tu n'as pas le choix…

Un gardien s'avança vers Thibaut et interrompit leur conversation.

– Je suis désolé, monsieur, mais le temps autorisé est passé. Je vais vous demander de vous lever et de partir. Je vous laisse vous dire au revoir.

– Ma chérie, je reviendrai la semaine prochaine. Si cela ne m'est pas possible, sois certaine que je ne t'abandonnerai pas. Je crois en toi. On dit bien que l'amour n'a ni âge, ni religion, ni couleur, moi, je dis qu'il traverse les murs.

– Je t'aime, Thibaut. Ne m'oublie pas.

Le jeune homme se leva et, les larmes aux yeux, s'éloigna de Vérane. Il ne se retourna pas tant il était triste. Lorsqu'il se retrouva à l'extérieur de la prison, il songea à la chance qu'il avait d'être libre.

Il s'assit dans sa voiture, mais resta quelque temps devant la prison pour sentir encore un peu la présence de sa bien-aimé.

Désormais, ces murs infernaux allaient les séparer et les empêcher de s'enfuir ensemble.

Déprimé, il rentra chez lui. L'image de sa douce planait devant ses yeux, et sa seule envie était de la sauver, de l'emmener avec lui pour qu'ils puissent vivre pleinement leur amour. Toutefois, en dépit de sa volonté de faire face à cette nouvelle épreuve, il avait l'impression d'être piégé, d'être au fond d'une impasse. Il était dans la peau d'un homme endeuillé.

11
Ville de Mulhouse
Maison d'arrêt, quartier des femmes
Jeudi 22 novembre 1973
20:04

Vérane avait été heureuse de revoir Thibaut. Il était maintenant l'heure du repas et elle avait faim. Elle accepta le plateau qu'on vint lui apporter, et même si ce n'était pas très appétissant, elle se dit qu'elle devait manger afin de recouvrer ses forces, car sans ces dernières, elle serait incapable de se défendre et prouver son innocence. Dans l'assiette, il y avait des lentilles et une saucisse, qui paraissait peu cuite, une tisane tiède et une pomme verte. Vérane mangea et déposa le plateau vide au pied de son lit, en attendant qu'un gardien vienne le chercher. Elle profita de cette montée d'optimisme pour se laver le visage, le cou et les bras à l'eau froide. Du reste, elle pourrait bientôt se doucher dans la salle de bains commune. Puis elle s'allongea, car il n'y avait rien d'autre à faire dans cette cellule exiguë. Après une vingtaine de minutes, un gardien vint chercher son plateau, et la jeune femme lui demanda s'il pourrait lui procurer quelques feuilles de papier et un crayon pour écrire.

Celui-ci les lui apporta quelques minutes plus tard. Une fois la grande porte métallique fermée à double tour, Vérane n'eut pas d'autre ambition que de plonger dans le sommeil, qui lui permit de rêver à la vie sublime qu'elle aurait pu avoir avec Thibaut. Elle se réveilla plusieurs fois durant la nuit, tantôt cherchant en vain son amant à ses côtés, tantôt ayant envie de s'échapper pour aller le rejoindre pour toujours. Mais à chaque fois qu'elle ouvrait les yeux et se rendait compte qu'elle était enfermée dans cette geôle immonde, elle était déçue et souhaitait être rapidement entendue. Elle savait que ce vendredi, elle recevrait une visite particulière, celle de son avocat commis d'office. Il calmerait ses craintes lors de sa première comparution devant le juge d'instruction, mais si celui-ci décidait de la poursuivre, il serait alors tenu de la défendre devant le président, le ministère public, les jurés, et bien sûr un public friand de ce genre d'affaires, transformant généralement le tribunal d'assises en un théâtre morose. Cet avocat, quelles que soient ses compétences, devrait faire de son mieux pour que Vérane soit disculpée et remise en liberté. Il devrait être assez fort pour ne pas avoir peur de la vérité et gagner la confiance de tous. Pour ce faire, il faudrait tout d'abord qu'il évoque toutes les maltraitances que Charles lui avait fait subir pendant de longues années, puis qu'il parle de son envie de se suicider afin d'échapper à cette existence qui n'avait plus aucun sens. Mais il devrait surtout montrer que jamais elle n'avait eu l'intention de tuer son époux, qu'elle l'avait juste trouvé inanimé et n'avait aucune idée des raisons de son décès. Certes, elle ne l'aimait plus depuis bien longtemps, mais n'avait jamais haï celui qui était tout de même le père de ses enfants. Cet avocat serait donc amené à parler avec son âme, à faire preuve d'assurance et de persuasion, et incarnerait par là même la vérité. Et quand les avocats la disent, tout est plus facile, car ils montrent l'homme qui se cache derrière l'habit, derrière l'apparat.

Allongée, les mains croisées sur sa poitrine, Vérane songeait aussi à Thibaut qui, elle en était certaine, reviendrait dans quelques jours et l'aiderait à garder le moral et à croire en un avenir plus serein. Les minutes semblaient des heures, les heures s'écoulaient lentement, comme lorsque l'on attend quelque chose avec impatience. Un peu avant minuit, elle eut envie d'écrire une lettre à ses enfants afin de leur dire qu'ils lui manquaient énormément. Sa cellule étant fort sombre, elle s'installa près de la fenêtre par laquelle entrait un rayon de lune. Les mots défilèrent sans se faire attendre.

Mes chers enfants,

Je vous écris pour vous montrer que je ne vous ai pas oubliés. Je pense à vous à chaque instant, et je bénis le jour où je pourrai vous serrer dans mes bras et vous dire que je vous aime. Je suis sûre que nous nous reverrons très rapidement, et qu'ensuite nous oublierons ce mauvais rêve. Surtout ne vous faites pas de souci pour moi, car je me sens bien. Je vais bientôt parler à un avocat qui assurera ma défense et me permettra de vous revoir et de rester à jamais auprès de vous. Nous retournerons alors au sommet de la montagne afin de célébrer nos retrouvailles. Prenez soin de vous, et ne laissez personne vous faire croire que je ne suis pas une bonne maman, car ces gens ne savent pas à quel point je souffre de ne plus vous avoir à mes côtés. Nous sommes une famille, et nous resterons unis malgré tout. Je vous promets, mes chéris, que je viendrai vous chercher afin que nous puissions de nouveau vivre tous ensemble. Le soir, il m'arrive parfois de regarder la lune, et si vous la regardez aussi, rappelez-vous qu'elle nous protège et crée un lien entre nous. Je sais que vous avez l'impression que le temps ne passe pas assez vite, mais il faut surtout que vous songiez à l'avenir, car c'est grâce à lui que nous serons de nouveau réunis. Vous êtes mes enfants, ce qui veut dire que vous êtes en moi, et que je suis en vous, alors vous ne serez jamais seuls. Si vous le pouvez, demandez aux gens qui veillent sur vous de se rendre à Murbach pour prendre les objets que je vous ai offerts avant que nous soyons séparés.

Je vous embrasse bien fort, Lisa, Guillaume, Florence et Blanche, et je vous donne autant de câlins que le ciel a d'étoiles.

Je vous aime plus que tout,

    Votre maman pour la vie

12
Ville de Mulhouse
Maison d'arrêt, quartier des femmes
Vendredi 23 novembre 1973
10:34

Vérane s'était douchée, avait pris un modeste petit-déjeuner et s'était même promenée dans la cour de la prison pendant une bonne heure, pour respirer un peu, voir le ciel et entendre les bruits de la ville que de sa cellule, elle percevait à peine. Cela lui avait donné encore plus de courage, et ainsi elle s'était rappelée qu'il y avait toujours une vie à l'extérieur. À présent, elle était assise, les bras croisés, et attendait que son avocat la rejoigne pour préparer aussi minutieusement que possible son affaire. Il était déjà en retard, puisqu'un des gardiens lui avait dit qu'il devait arriver vers dix heures. La jeune femme se doutait qu'il faisait partie des gens pressés, qui avaient tous les jours beaucoup de choses à faire, de personnes à voir, de dossiers à étudier, de plaidoiries à rédiger, et d'autres à déclamer devant les tribunaux. Alors elle devait patienter, car de toute façon, il viendrait et resterait autant de temps qu'il le faudrait avec sa cliente. Il pourrait ainsi tout éclaircir, tout approfondir, et elle aurait l'opportunité de lui livrer sa vérité.

Quand la porte s'ouvrit, un homme entra avec le sourire. Il était petit, portait un costume noir, et ses chaussures brillaient de façon étonnante. Sa cravate était rouge foncé, ce qui lui donnait un air très classe. Il s'avança vers Vérane et lui tendit sa main. Comme elle était assise sur le bord du lit, il s'installa sur la chaise avant de se présenter. Sa voix était très rassurante.

– Maître Lafoi, je suis votre avocat. Je connais déjà un peu votre dossier, car j'ai appelé le parquet. Cependant, nous devons tout de même discuter ensemble pour préparer votre première comparution devant le juge d'instruction. Elle se déroulera la semaine prochaine, le mardi 27 novembre à quatorze heures, mais n'ayez crainte, je serai là.

– Bien, maître.

– C'est à ce moment-là que nous aurons les résultats de l'autopsie de votre mari, et que nous saurons ce que les enquêteurs ont découvert. Tout dépend de cela, car c'est en se basant sur ces éléments que le juge d'instruction décidera de la suite des événements. S'il vous laisse libre, ce sera gagné. Si les choses se compliquent, nous devrons tout mettre en œuvre pour prouver votre innocence.

– Maître, je vous jure que je n'ai pas tué mon mari... D'ailleurs, je souffre encore plus que lorsqu'il était en vie. Mes enfants et la pharmacie où je travaillais, me permettaient d'être heureuse, alors qu'aujourd'hui, je n'ai plus rien.

– Même si j'ignore quand vous sortirez, je suis certain qu'au bout de son instruction, le juge comprendra que vous n'avez rien fait et vous remettra rapidement en liberté

– Que devrai-je lui dire, maître ?

– Tout dépend. Lorsque nous découvrirons les causes de la mort de votre mari, la moitié du travail sera fait. Ensuite, le juge cherchera le vrai coupable ou considérera que votre époux s'est suicidé. Dans ce genre d'affaires, on est souvent surpris. Alors ne vous découragez pas, car tous les espoirs sont permis.

– Maître, pourriez-vous remettre cette lettre à mes enfants ? Je ne sais pas où ils sont ni s'ils sont ensemble, mais ils me manquent terriblement, et je voudrais qu'ils sachent que je pense à eux et que je ne les ai pas abandonnés.

– Donnez-la-moi, je vais essayer de savoir où ils se trouvent et la leur faire parvenir aussi rapidement que possible. Faites-moi confiance, madame Meyer.

– J'aimerais aussi écrire à un autre de mes proches afin de me sentir moins seule. Comme j'ignore son adresse personnelle, vous pourrez peut-être regarder dans l'annuaire téléphonique.

– Eh bien, lorsque nous vous verrons mardi, vous me confierez ce courrier, et je tâcherai de le lui faire parvenir.

– Merci, mille fois merci !

– Ce n'est rien. Je vais vous laisser. Maintenant que je vous ai vue, je vais pouvoir commencer de travailler et réfléchir sérieusement à la meilleure façon de vous défendre. Comme nous pourrons parler un peu avant d'entrer dans le bureau du juge d'instruction, je vous indiquerai ce que vous pourrez lui dire ou non. En attendant, ne perdez surtout pas espoir. Reposez-vous et pensez aux êtres qui vous sont chers et ont besoin de vous. Ils vous donneront la détermination nécessaire et le courage.

– Je vais essayer, maître. J'espère de tout cœur que mardi, je serai disculpée et que je pourrai commencer une nouvelle vie.

– Je l'espère aussi. Quand je passerai cette porte, et que vous vous retrouverez seule, écrivez à la personne dont vous m'avez parlé, et dites-lui tout ce que vous ressentez. Ainsi vous pourrez surmonter cette mauvaise passe et extérioriser toutes ces angoisses qui vous empêchent pour l'instant d'aller de l'avant. Ne lui cachez rien, et vous verrez que vous vous sentirez mieux. Beaucoup de gens en prison finissent par devenir comme ces murs, ces portes, ces fenêtres et leurs barreaux. Ils se renferment sur eux-mêmes et n'arrivent plus à se souvenir de la personne qu'ils étaient auparavant. Alors qu'en réalité, pour s'en sortir, il ne faut pas se perdre de vue et continuer d'être soi-même en toutes circonstances.

– Je vous remercie, maître, de me parler ainsi, car je crois que cela me fait du bien.

– Allez, je vous laisse. De toute façon, nous nous reverrons mardi. Prenez soin de vous.

– À mardi, maître Lafoi.

L'avocat frappa à la porte métallique, et quelqu'un vint lui ouvrir quelques minutes plus tard. Il lui fit un dernier signe de la main, puis s'en alla. Après que la porte fut refermée, Vérane poussa un soupir et se dit que les paroles de cet homme avaient été bénéfiques. Bien qu'elle demeurât en prison, elle savait désormais que son esprit resterait auprès de Thibaut et de ses enfants. Pour la première fois depuis son arrestation, un semblant de sourire apparut sur son visage. Elle était à présent convaincue que tout se passerait bien. Il fallait juste être patiente. Et en attendant, écrire à Thibaut lui donnerait des ailes, lui ferait croire que le bonheur était tout proche. « Après la pluie, le beau temps », pensa-t-elle un instant.

13
Ville de Mulhouse
Maison d'arrêt, quartier des femmes
Dimanche 25 novembre 1973
15:58

Depuis que l'avocat avait proposé à Vérane d'envoyer ses lettres, la jeune femme avait l'impression que le temps s'écoulait plus vite. Cette   après-midi-là, comme elle n'avait pas envie de dormir, elle décida d'écrire à son bien-aimé. C'était la meilleure des échappatoires, et le moyen de se sentir plus proche de lui. Elle s'assit sur la chaise et se pencha sur le papier posé sur la table en bois. Elle écrivit tout ce qui lui venait à l'esprit, phrase après phrase, mot après mot.

Mon très cher Thibaut,
C'est la deuxième lettre que je t'écris de cette prison qui me sépare de toi. Mais cela ne durera pas longtemps, car tu sais comme moi que je suis innocente. L'avocat est venu, et il m'a indiqué que le juge d'instruction pourrait rapidement me rendre ma liberté. Nous attendons juste de savoir ce que les

enquêteurs ont trouvé, et la cause de la mort de Charles. Mon avocat a l'air sûr de lui, et moi, je suis contente de me projeter dans l'avenir, car je sais aujourd'hui que j'aurais dû accepter de fuir avec toi. J'espère que tu m'aimeras autant quand je sortirai, et que nous pourrons passer ensuite notre vie ensemble. En fait, malgré mon enfermement, je suis heureuse, car si j'étais passée à l'acte, si j'avais commis l'irréparable, j'aurais été à jamais séparée de toi, et tu m'aurais sans doute détestée. Mais je suis tout de même hantée par le décès de Charles, surtout depuis que je crois avoir compris la cause de ce dernier. J'avais mélangé un produit avec du vin rouge, puis l'avait versé dans une bouteille vide. Il provient en fait d'une fleur qui, bien que très belle, a le pouvoir de tuer. C'est grâce à lui que j'aurais dû disparaître.

Je ne suis pas sûre que Charles ait avalé ce liquide, j'ignore si les gendarmes l'ont trouvé et l'ont confié à des spécialistes. En tous les cas, je ne l'ai pas tué, et si besoin est, je dirai au juge tout ce que je viens de te confier. Je voudrais aussi te dire qu'une fois que je serai libre, nous partirons ensemble où tu le souhaiteras, que nous serons heureux et aurons l'éternité pour nous aimer.

Tant que je t'écris, c'est que je suis vivante, et tant que je serai vivante, mon amour perdurera. Je voudrais t'écrire des pages entières, mais depuis quelques jours, des crampes au niveau du bas-ventre m'obligent à m'allonger. Je t'écrirai plus tard et j'espère que tu viendras vite me voir.

Je t'envoie mille baisers.
Ne m'oublie pas,
Vérane

La jeune femme embrassa le papier. Elle plia la lettre et la rangea sous le matelas, avec celle qu'elle avait écrite la veille. Elle prenait de nombreuses précautions, afin que les gardiens ne puissent pas les voir et les saisir. Ainsi l'avocat les prendrait et les enverrait, sans que personne ne les ait lues.

Vérane s'allongea sur le dos et attendit que ses petites douleurs s'effacent. Il ne restait plus qu'une journée à attendre avant de rencontrer le juge d'instruction et prouver son innocence.

Après cette comparution, elle serait sûrement disculpée et recouvrerait la liberté. Elle pourrait échapper à ce cauchemar, marcher au bord d'un lac, respirer l'air des montagnes, voir les bourgeons se former au printemps, s'enivrer des odeurs des fleurs sauvages ; à l'automne, elle laisserait la pluie la tremper, et en hiver, elle courrait dans la neige, tels les enfants. Il est vrai qu'il est merveilleux de regarder les étoiles en se demandant ce qu'il y a plus haut, plus loin. De réaliser nos rêves et d'en avoir de plus grands encore. D'aimer nos proches et de compatir avec le monde. De pouvoir lire le livre qui nous plaît, ou écouter la musique qui nous inspire le plus. De chantonner en allant travailler, de manger tout ce que nous voulons. De croire en Dieu. De faire du bien autour de nous, d'aider ceux qui souffrent. De voyager dans des pays pour comprendre les autres et se chercher soi-même. De savoir où l'on est né, mais de ne pas être sûr de l'endroit où l'on souhaiterait mourir. De vivre. C'est ça, la liberté. La liberté, c'est pouvoir choisir.

14
Ville de Mulhouse
Bureau du juge d'instruction
Mardi 27 novembre 1973
13:41

Des gendarmes avaient transféré Vérane jusqu'au bâtiment où se trouvait le bureau du juge d'instruction. Avant qu'elle ne soit auditionnée, l'avocat l'avait rencontrée dans une salle vide, pour lui faire quelques recommandations.

– Donnez-moi tout de suite vos lettres.

– Les voici, maître. J'ai prié pour qu'elles ne sortent pas d'ici avant moi.

– J'espère aussi qu'aujourd'hui vous serez disculpée. J'y crois d'ailleurs dur comme fer.

– Dites-moi ce que je dois faire, maître.

– Eh bien, vous ne devez jamais utiliser des mots vulgaires et des insultes. C'est le juge qui va parler, ne l'oubliez pas, et lorsqu'il vous demandera quelque chose, répondez-lui toujours en disant « Monsieur le Juge ». Montrez la meilleure image de vous-même, et surtout ne critiquez pas la personne qu'était

Charles. N'hésitez pas à lui raconter ce que vous avez subi, mais essayez de rester aussi neutre que possible, de ne pas montrer que vous éprouviez du ressentiment à l'encontre de votre époux.

– Je suivrai vos conseils, maître, lui dit-elle d'une voix qui trahissait son anxiété.

– Ce sera bientôt l'heure. Je connais bien ce juge, il aime les choses qui vont vite. Il va probablement évoquer les résultats de l'enquête et de l'autopsie. Gardez votre calme à ce moment-là, et n'oubliez pas que je suis là. C'est aujourd'hui qu'il prendra la décision de vous libérer ou non, donc essayons de ne pas faire de faux pas.

– Je comprends, maître.

– Bien, alors allons-y.

L'avocat connaissait le chemin menant au bureau du magistrat. La jeune femme le suivit. Ils se retrouvèrent tous les deux dans le couloir et attendirent que le juge daigne les recevoir. Il apparut quelques minutes plus tard, leur serra cordialement la main, puis les pria d'entrer et de s'asseoir. Tandis qu'il mettait de l'ordre dans ses dossiers, Vérane put admirer la décoration. Madame le procureur de la République était présente, ainsi qu'une greffière qui était en train de préparer sa machine à écrire pour noter tout ce qui allait être dit durant l'audition.

Le magistrat relut rapidement les documents qui avaient trait à cette affaire. Il était chauve, et ses lèvres étaient fines. Même si sa chemise était trop grande pour lui, il faisait preuve d'un grand sérieux. Il s'immobilisa, puis sans rien dire, sans faire aucune mimique, fixa un instant la jeune femme, qui se sentit très gênée. N'osant pas le regarder, elle contempla une statuette qui trônait sur le bureau de marbre. Les premières paroles du juge d'instruction résonnèrent dans toute la pièce :

– Bien ! J'ai été saisi par le procureur de la République afin de mener cette instruction. Je tiens d'ailleurs à vous signaler que vous avez énormément de chance que celle-ci se soit déroulée aussi rapidement ! Je croyais que cette affaire serait beaucoup plus compliquée !

– Ce qui m'intrigue, c'est qu'à vous voir, on a du mal à penser que vous avez pu assassiner votre mari. Cela fait une décennie que j'exerce ce métier, et jamais encore je n'avais vu une prévenue aussi charmante dans mon bureau. Maître Lafoi, les enquêteurs ont fait un travail admirable. Mais tout d'abord, laissez-moi vous donner les résultats de l'autopsie qui a été pratiquée sur le corps du mari défunt. Son sang, son cœur et ses viscères présentaient des traces conséquentes d'une substance toxique appelée « Digitaline ». Cette dernière provient d'une plante qui pousse couramment dans nos contrées. À faible dose, elle est normalement utilisée pour traiter l'insuffisance cardiaque. Or monsieur Meyer n'avait aucun problème de ce côté-là. Donc il est pratiquement certain qu'après avoir ingurgité ce poison, il est décédé des suites d'une tachycardie ventriculaire irrécupérable. Cher maître, laissez-moi interroger votre cliente à ce sujet.

– Faites, répondit l'avocat.

– Alors madame Meyer, comment expliquez-vous cela ?

Vérane ne parvenait pas à trouver ses mots. Elle avait peur et se rendait compte qu'on avait retrouvé dans le cadavre de Charles le produit qu'elle avait préparé.

– Je travaille dans une pharmacie, monsieur le juge, et je connais très bien cette substance. Comme je ne veux pas vous mentir, je dois vous avouer que nous en avions chez nous, car j'avais préparé un mélange de Digitaline et de vin rouge, qui devait me servir à d'autres fins.

– De quoi parlez-vous ?

– Eh bien, je voulais mourir, monsieur le juge.

– Continuez, reprit-il d'une voix sèche.

– Moi et Charles, nous nous disputions sans cesse, car il était devenu alcoolique au fil des années. Comme je subissais tout le temps sa mauvaise humeur et ses comportements parfois violents, je n'en pouvais plus. J'ignore comment j'en suis arrivée à une telle extrémité, mais j'ai décidé de me suicider. En fait, monsieur le juge, c'est moi qui aurais dû boire ce liquide !

– Vous mentez ! Nous avons interrogé vos voisins les plus proches, monsieur et madame Dufrêne, qui nous ont indiqué vous avoir vu avec vos enfants, le matin du 14 novembre. Vous aviez le sourire et vous portiez un panier, comme si vous alliez faire un pique-nique.

– Oui, c'est vrai, monsieur le juge.

– Des témoins affirment même que les enfants chantaient dans la voiture, quand vous avez démarré. Cela les a surpris, car d'ordinaire, c'est une jeune fille qui s'occupait d'eux.

– Oui, Joséphine, la gardienne.

– Mais alors je ne comprends pas ! Des gens qui souhaitent se suicider, il y en a beaucoup, mais ils ne vont pas se balader avant de passer à l'acte !

– Monsieur le juge, je voulais que les enfants passent une journée exceptionnelle, qu'ils éprouvent une joie intense et sentent à quel point je pouvais les aimer. Je sais que c'était égoïste de ma part, mais j'avais l'impression que jamais je ne m'en sortirais. Je n'arrivais plus à croire en rien, et capituler me semblait la seule issue.

— Les enquêteurs ont retrouvé la bouteille dont vous venez de me parler. Elle était dans un placard de la cuisine. Si vous vouliez vraiment vous suicider, pourquoi avez-vous mis cette bouteille à cet endroit ? Vous saviez que votre époux pourrait la trouver et la boire à n'importe quel moment.

— Eh bien, quand je l'ai rangée là, je pensais la récupérer très vite et avaler aussitôt son contenu. Mais quand Charles est arrivé, nous nous sommes disputés encore une fois, et pour me calmer, je suis sortie respirer un peu d'air frais. Lorsque je suis rentrée, j'ai entendu Blanche pleurer. Avant de monter la rejoindre, j'ai constaté que mon mari était allé se coucher. J'ai aidé la petite à se rendormir, puis je me suis allongée auprès de Florence. À cet instant-là, j'ai su que je n'aurais pas le courage de redescendre et d'avaler le poison, alors je me suis dit que je le ferais le lendemain.

— Maître Lafoi, qu'avez-vous à ajouter? demanda le magistrat.

— Monsieur le juge, je veux simplement vous faire remarquer que ma cliente ne pouvait pas se douter que son époux, déjà saoul à son arrivée, aurait envie de boire de nouveau. Me fais-je bien comprendre ?

— Parfaitement. Cependant cela ressemble à un meurtre prémédité. Un empoisonnement masqué.

— Monsieur le juge, je vous jure que je n'ai jamais eu envie de tuer mon mari ! Il est vrai qu'il m'a battue et violée durant de nombreuses années, mais jamais je n'aurais attenté à ses jours ! Croyez-vous vraiment que quelqu'un qui va à l'église tous les dimanches, pourrait prier Dieu en ayant de telles idées en tête ? Pensez-vous que j'aurais osé enlever la vie au père de mes enfants ? Monsieur le juge, on m'a mise en prison, on m'a enlevé mes petits, qui sont ce que j'ai de plus précieux au monde, et je n'ai plus rien à perdre ! Donc, je ne peux que vous dire la vérité et clamer mon innocence.

— Monsieur le juge, déclara l'avocat, je suis dans l'obligation de vous rappeler que ma cliente a été choquée par la mort de son mari. Au vu de toutes les épreuves qu'elle a traversées depuis son arrestation, je doute qu'elle soit capable de vous mentir et d'inventer cette histoire de suicide.

— Maître Lafoi, votre cliente ne devrait peut-être pas se trouver dans une situation aussi pénible, mais les faits ne sont jamais les fruits du hasard. Madame Meyer a préparé le poison, mais ne l'a pas ingurgité. C'est comme si quelqu'un voulant sauter d'un pont montait sur une rambarde, puis attendait qu'un de ses proches le rejoigne et saute. Cela ne vous semblerait-il pas étrange ? Je pense que ce que vivait votre cliente n'était pas atroce au point qu'elle ait pu songer à se suicider!

— Monsieur le juge, répliqua l'avocat en fronçant les sourcils, je ne suis pas de votre avis. Ma cliente éprouvait une telle douleur qu'elle ne voulait plus vivre ! Mais pour avaler ce poison, il lui fallait choisir le moment propice et avoir une dose immense de courage ! Et du courage, elle n'en avait plus quand elle est montée dans la chambre de ses filles et qu'elle les a vues dormir. En fait, cette femme était tiraillée entre ses enfants qu'elle aimait plus que tout, et son mari, qui était un tyran et abusait d'elle depuis des années. Charles était alcoolique, et quand il revenait, il humiliait ma cliente à coups d'insultes et de reproches infondés. Il la battait, la violait et l'empêchait tout simplement de vivre ! Cette situation est loin d'être banale, monsieur le juge !

— Madame le procureur de la République, je vous laisse la parole.

— Je vous remercie. Il est difficile de croire que madame Meyer puisse ne pas être responsable de ce crime. Au vu des faits, des

118

témoignages et des dires de l'accusée, en tant que représentante du ministère public, je demande que madame Meyer soit placée en détention provisoire et renvoyée devant la cour d'assises pour finaliser cette procédure.

– Mais attendez un instant, monsieur le juge, ma cliente n'est pas coupable...

– Je peux concevoir, maître Lafoi, qu'il y avait des malentendus dans leur couple, mais de là à préparer du poison ! Pourquoi, par exemple, ne s'est-elle pas enfuie avec ses enfants ? Pourquoi n'a-t-elle alerté personne de son entourage ? Pourquoi n'a-t-elle pas entamé une procédure de divorce ? Selon moi, certains éléments de cette affaire nous échappent. Madame Meyer paraît être consciente de ses actes, de ses paroles, elle n'a pas l'air d'une illuminée, mais j'ai du mal à croire qu'elle ait pu envisager de se suicider de cette façon. J'ai peur, cher maître, de ne pas pouvoir jouer la carte que vous espériez. Même si votre cliente n'a pas commis le crime en question, je ne peux risquer le non-lieu. Je me vois malheureusement contraint de renvoyer madame Meyer devant une juridiction de jugement. Et je suppose que vous lui indiquerez quels sont ses droits... Madame Sanslys, je vous dicte mon ordonnance, notez, je vous prie : Le 27 novembre 1973, je soussigné le juge d'instruction du parquet du Haut-Rhin, soumet une ordonnance de renvoi aux assises, concernant l'affaire Meyer, où madame Meyer, ici présente en compagnie de son avocat, est accusée d'avoir commis un assassinat par empoisonnement sur la personne de son mari. En raison de cette inculpation, madame Meyer restera en détention provisoire à la maison d'arrêt de Mulhouse jusqu'à la date de son procès. Vous me le ferez signer, madame Sanslys, et vous joindrez à ceci le procès-verbal de la séance d'aujourd'hui. Je signerai ensuite.

Pendant que Vérane restait interdite, l'avocat, lui, éprouvait un intense sentiment d'échec.

– Monsieur le juge, s'il vous plaît, regardez ma cliente, regardez ses yeux… Pensez-vous vraiment qu'elle a l'étoffe d'une criminelle ? Je vous en prie, monsieur le juge, laissez parler votre cœur, et vous verrez qu'il vous dira la même chose que le mien ! que cette jeune femme ne mérite pas de se retrouver sur le banc des accusés ! Son innocence est inscrite sur son visage ! Regardez ! Regardez bien !

– Écoutez, maître Lafoi, reprit le juge, vous pouvez défendre votre cliente jusqu'au bout de la nuit, si vous le souhaitez, c'est tout à votre honneur, mais je ne changerai pas d'avis. Parfois derrière un visage angélique, se cache une facette plus sombre, plus diabolique. Je ne dis pas que votre cliente est coupable, car la présomption d'innocence doit prévaloir, mais je ne suis pas la justice. Je suis l'homme qui a diligenté les investigations, et celles-ci ont démontré l'implication de madame Meyer dans la mort de son mari. C'est la justice qui tranchera. Maintenant, maître, je dois vous raccompagner, car je n'ai pas beaucoup de temps.

Deux hommes en uniforme entrèrent et aidèrent Vérane, toujours silencieuse, à se lever. Elle n'avait pas imaginé qu'elle serait reconduite en prison. Tout basculait. Après avoir regagné sa cellule qu'elle avait espéré ne plus jamais revoir, elle se mit à pleurer, à hurler, mais personne ne vint la réconforter. Elle était seule, comme jamais elle ne l'avait été. De plus, elle pensait à la déception qu'éprouverait Thibaut, lorsqu'il apprendrait qu'ils ne pourraient pas encore se retrouver.

15
Ville de Mulhouse
Maison d'arrêt, quartier des femmes
Mercredi 28 novembre 1973
14:06

Depuis son retour en prison, Vérane avait rechuté. Sa tristesse constante ne lui permettait ni de manger, ni de dormir. Elle avait peur que Thibaut ne vienne plus la voir, même s'il lui avait déclaré que l'amour traversait les murs. Elle croyait encore en lui, mais tremblait à l'idée qu'il ne lirait plus ses lettres. Comme le monde entier semblait être contre elle, elle ne pouvait imaginer perdre l'homme de sa vie et l'amour de ses enfants. Sans eux, elle n'était et ne serait plus rien. Elle se remit à lui écrire, car ses illusions étaient encore vives.

Mon chéri,
Je n'ai décidément pas fini de souffrir et de regretter d'être née. Mon avocat n'a pas réussi à convaincre le juge d'instruction de me laisser sortir, et moi, je n'ai pas eu la force de clamer une nouvelle fois mon

innocence... Je suis désolée, mon amour, car j'ignore encore quand je pourrai revoir le ciel. Depuis que je suis tombée dans ce cercle infernal auquel il est presque impossible d'échapper, je n'ai plus envie de me promener, de manger, et je me demande si je serai encore en vie le jour de mon procès. Peut-être dois-je payer pour une faute que j'ai commise dans une vie antérieure. Tout ce que je souhaite, c'est que mes enfants apprennent à être heureux sans moi et qu'ils ne m'oublient jamais. Mais je refuse qu'ils viennent ici, car ils souffriraient trop de me voir ainsi. Toi, oui, je veux te voir, car lorsque tu n'es pas à mes côtés, je sens que je me laisse dépérir.

Je ne saurais te dire combien je t'aime et combien j'ai peur. Je ne suis pas coupable, mais il est évident que je suis l'accusée idéale. Il faut bien que la justice montre à quoi s'expose ceux qui décident d'enfreindre la loi.

Si je reste ici plus longtemps, je finirai bien par accepter que je suis une femme qui mérite de recevoir le châtiment suprême. Je m'accuserai moi-même, je me détesterai, et au moins, ce sera plus facile d'être traitée comme un chien. La seule chose que je ne regretterai jamais, c'est de t'avoir connu et aimé. J'espère aussi que l'avocat viendra bientôt me rendre visite pour qu'il achemine ce courrier, mais j'ai tout de même hâte de te voir, mon Thibaut. Rappelle-toi de nos derniers instants dans la chapelle. Garde la bague et songe qu'un jour, tu la glisseras à mon doigt. Dépêche-toi de me répondre, mon ange, et je te lirai

comme si j'étais une adolescente amoureuse attendant
devant la boîte aux lettres, les plis de son premier
amour.
Je t'aime et t'embrasse,
Vérane

La jeune femme serra la feuille contre son cœur avant de la ranger sous son matelas, puis éclata en violents sanglots, comme si le ciel venait de lui tomber sur la tête. Elle n'arrivait plus à croire que tout allait s'arranger. Elle n'avait plus envie de prier, de sourire. Et le désir d'aimer la rongeait comme une maladie infernale. Elle attendait seulement un signe. La peur d'être abandonnée par son amant était plus forte que celle de ne plus revoir le monde extérieur. Qu'il fasse beau dehors, qu'il pleuve, qu'il fasse nuit ou jour, tout cela lui était égal. Thibaut représentait tout pour elle. Ses enfants eux aussi lui manquaient, cependant elle essayait de ne pas penser à eux, car elle craignait alors de trépasser de chagrin.

Vérane se leva et tenta de regarder à travers les nombreux barreaux de la fenêtre. S'évader ? Non, c'était impossible... Creuser un tunnel comme au cinéma ? Non plus... Il fallait seulement attendre qu'une lettre de Thibaut arrive, ou qu'il lui rende visite au parloir, ou bien que l'avocat vienne et lui annonce une bonne nouvelle. Il fallait attendre, mais sans compter les journées, les nuits, les minutes, les secondes, pour ne pas devenir folle. Il fallait attendre, car rien d'autre ne lui était permis. Épuisée mentalement et physiquement, la jeune veuve finit par s'allonger sur son lit. Ses yeux étaient tellement humides qu'ils la brûlaient. Le plateau-repas qu'on lui avait apporté, était resté par terre. Bientôt un geôlier viendrait le chercher, puis en ramènerait un autre le soir venu, mais pour le moment, la nourriture lui faisait horreur. Désormais, elle ne se lavait plus et respirait seulement l'air de sa cellule. Pourtant, elle savait que jamais elle ne pourrait se sentir à l'aise dans cette cage infâme et sale, immonde et insalubre. L'enfer sur terre.

16
Ville de Mulhouse
Maison d'arrêt, quartier des femmes
Mercredi 28 novembre 1973
16:10

Un homme affublé d'une soutane, entra dans la cellule. Vérane, toujours allongée sur son lit, ne fit pas le moindre mouvement.

– Ma fille, je viens vous voir. Il a été rapporté au directeur de la prison que vous ne mangez plus depuis quelque temps. Je suis venu vous apporter la parole sainte afin de guérir vos souffrances. Voulez-vous que nous discutions ensemble ?

Vérane ne répondit pas. Elle n'avait même pas levé les yeux pour voir à quoi ressemblait le curé qui s'était déjà assis sur la chaise en bois, avec une bible dans la main.

– Ma fille, Dieu vous regarde, et comme il sait que votre cœur est rempli d'amertume et que vous avez besoin de lui, il est prêt à vous écouter.

La jeune femme se releva lentement, puis le dévisagea en sanglotant.

– Je vous en prie, ma fille, la vie ne s'arrête pas là. Aujourd'hui, vous êtes ici, mais tout peut changer par la grâce de Notre Seigneur. Il suffit d'y croire. Ma fille, tout le monde fait des erreurs, car l'erreur est humaine. Mais si vous priez Dieu, il vous accordera son pardon. Alors, faites le premier pas. Moi, je suis là pour vous aider, non pour vous juger. Voulez-vous que je vous confesse ?

– Non merci, mon père.

– Ma fille, cela vous ferait le plus grand bien. Dieu saura vous écouter et vous guider sur le chemin de la résilience. Il n'y a pas mieux que l'aide divine pour apaiser l'esprit d'un homme.

– Mon père, je ne veux pas de cette résilience ! On m'accuse d'avoir tué mon mari, mais on m'accuse à tort !

– Ma fille, ma fille, calmez-vous... Dieu vous regarde ! Il sait tout ! Moi, je ne suis que son messager. N'ayez plus peur, je ne suis pas un homme de loi, mon âme appartient au Saint-Esprit.

– Mais je n'ai rien fait ! Je suis là par erreur!

– Ma fille, je sais que vous portez un lourd fardeau, mais je ne vous juge pas, ce n'est pas mon rôle. Je ne suis là que pour soulager votre âme.

– Sous votre soutane, vous n'êtes qu'un homme ! Comme nous, vous avez des

faiblesses, des envies et même des vices !
Voilà pourquoi vos belles paroles ne peuvent
ni m'aider, ni me consoler. Quand je serai
libre, soyez certain que je remercierai le bon
Dieu, mais pour l'instant, je suis prisonnière,
et nul ne veut croire à mon innocence !

– Il n'est jamais trop tard... Réfléchissez
bien... C'est dur, ma fille, mais prenez
l'exemple de Jésus. Il s'est sacrifié pour sauver
les hommes.

– Et je dois aussi me sacrifier, alors que je
n'ai rien fait ? Mon père, allez plutôt aider les
mendiants qui meurent de faim, les femmes
qui vendent leur corps pour pouvoir payer
leur loyer ! Faites en sorte que les guerres
s'arrêtent et qu'il n'y ait plus de pauvres sur
terre ! Allez donner à boire à tous les gens qui
doivent boire de l'eau de pluie pour étancher
leur soif, alors que des richissimes
remplissent d'eau claire leur piscine pour leur
simple petit plaisir !

– Je n'ai pas besoin d'un prêtre pour
parler à Notre Seigneur...!

– Ne soyez pas insolente !

– Vous êtes entré dans cette cellule pour me
parler de Dieu, mais oseriez-vous rester ici
avec moi ? Oseriez-vous passer la nuit entre
ces murs qui suintent la haine ? Je doute que
vous puissiez endurer de telles souffrances !

— Mais d'autres fidèles m'attendent, ma fille. Je dois célébrer des mariages, des baptêmes, et aussi des enterrements! Et puis, certains prisonniers réclament mon soutien pour affronter leurs maux. Même si je le voulais, je ne pourrais pas le faire...

— Vous voyez, vous allez franchir cette porte et oublier mon existence ! Ce soir, vous boirez du vin et mangerez bien, puis vous vous coucherez dans votre lit propre et vous prierez pour ne pas vous sentir coupable de ce que vous avez laissé faire. Vous penserez peut-être à moi, mais vous ne reviendrez pas me voir, car vous m'en voudrez de ne pas avoir confessé mes fautes. Mais moi, je n'ai rien fait, et je regrette simplement d'avoir cru que les hommes valaient mieux que ma propre vie. Maintenant, partez !Partez ! Je vois que vous non plus vous n'êtes pas un homme libre, même si vous allez sortir de cette prison !

— Bien, je vous quitte. Que Dieu vous bénisse et soit avec vous, ma fille.

— J'espère qu'un jour, mon père, vous aurez des yeux pour voir, répondit-elle d'une voix plus calme.

Le curé regarda à travers le petit hublot, et on lui ouvrit aussitôt. Vérane se recoucha, et même si ses larmes avaient cessé de couler, elle était au fond du gouffre.

17
Ville de Mulhouse
Maison d'arrêt, quartier des femmes
Lundi 3 décembre 1973
9:17

Un gardien entra dans la cellule sans dire la
moindre parole bienveillante. Il déposa une
enveloppe sur le lit, puis s'en alla en
refermant la porte avec une certaine brutalité.
Malgré son extrême faiblesse, Vérane se
redressa et s'en empara, curieuse de savoir
qui lui avait écrit. Sans plus attendre, elle
l'ouvrit et se mit à lire la lettre à voix haute,
comme pour être totalement envahie par les
mots qui défilaient devant ses yeux.

Ma très chère Vérane,

*Non, je ne t'oublie pas. J'ai bien reçu tes deux lettres,
mais j'ai failli ne jamais les lire, car l'adresse était
erronée. Dieu merci, comme c'est un des mes voisins
qui les as reçues, il me les a apportées. Je te réponds
aussitôt. Je suis bouleversé de ce qui t'arrive, et je suis
persuadé que tu n'es pas coupable, car jamais tu
n'aurais pu faire une chose pareille. Je suis effondré,
mais on doit tenir le coup. Moi, je t'attendrai le*

131

temps qu'il faudra, c'est ça l'amour, le vrai. Par contre, je suis convaincu que tu sortiras bientôt. Et lorsque la justice comprendra que tu n'as rien fait, elle s'agenouillera devant toi pour te demander pardon. Je serai là quand tu partiras de cet endroit, et je t'emmènerai loin de tout, afin que nous puissions enfin vivre heureux. Il me tarde de sentir l'odeur du bonheur, et je sais qu'il a en une, car je l'ai sentie quand je me suis enivré des fragrances de ton cou. Il me tarde de pouvoir te serrer dans mes bras, t'embrasser, t'épouser. Ma chérie, je t'aime mille fois plus chaque jour, et jamais je n'aimerai une autre femme que toi. J'ai l'impression que c'est la première fois que je suis vraiment amoureux. C'est comme si je t'avais attendu toute ma vie. Et que maintenant mon âme était persuadée d'avoir trouvé sa moitié.

Je viendrai te voir mercredi, en début d'après-midi. J'ai pensé à me dénoncer pour souffrir à ta place, car si tu n'es pas heureuse, je ne peux pas l'être non plus. Et je sais que tu m'attendrais, puisque nous ne formons plus qu'un. Comme je te saurais libre, je serais moins malheureux qu'en ce moment. Je pense à toi tout le temps, et il me tarde de te revoir pour te redonner confiance et espoir. Souviens-toi, ma chérie, que je ne t'abandonnerai jamais. Je préfère mourir que d'avoir à supporter de vivre sans toi.

Mille baisers,

Ton Thibaut qui t'adore

Vérane relut la lettre plusieurs fois. Cela lui faisait du bien. L'envie de lui répondre sans tarder ne lui manquait pas, mais après plusieurs jours sans manger, elle n'avait plus aucune force. Elle se recoucha et posa la lettre sur sa poitrine. Elle se mit à penser au moment où ils seraient enfin réunis. Elle songea également à ses enfants dont elle espérait aussi recevoir des nouvelles. Bonnes ou mauvaises, mais des nouvelles. Pleurer, elle n'y arrivait plus, pourtant son cœur ne cessait de se lamenter. Mercredi, Thibaut lui rendrait visite, mais auparavant, elle devrait affronter le lent écoulement du temps dans cet univers désespérant.

18
Ville de Mulhouse
Maison d'arrêt, quartier des femmes
Mardi 4 décembre 1973
16:38

– Je suis navré, madame Meyer, mais je ne pensais vraiment pas que le juge d'instruction vous maintiendrait en prison et vous enverrait devant les assises.

– Vous aviez l'air si sûr de vous...

– Je sais, je suis désolé.

– Mais ça ne suffit pas d'être désolé !

– En fait, je commence à peine ma carrière, et vous êtes l'une de mes premières clientes.

– Oh non... dit-elle dans un souffle, en se couvrant le visage.

– Mais je vous promets que je ferai mieux lors du procès.

– Et vous êtes venu pour quoi ?

– J'ai deux nouvelles. La première, c'est que je n'ai pas encore réussi à retrouver vos enfants.

– Vous avez vérifié auprès des services sociaux ?

– J'ai cherché dans tous les foyers, et j'ai même téléphoné aux écoles pour tenter de les localiser, mais tous ces efforts se sont pour le moment révélés vains.

– Mais où sont-ils ? dit Vérane d'un ton inquiet.

– Je vous promets de tout faire pour le savoir !

– Et la seconde nouvelle ?

– Eh bien, vous avez le droit de faire appel, c'est-à-dire de recourir à la chambre d'accusation. Vous auriez sûrement une chance de faire revoir la décision du juge d'instruction.

– Je refuse, car je n'ai aucune envie de faire de nouveau face à des magistrats qui seront déjà persuadés de ma culpabilité.

– Mais alors, qu'allez-vous faire ?

– Je vais attendre mon procès. De toute façon, je n'ai presque plus rien à perdre... En fait, afin de ne plus être confrontée à de nouvelles désillusions, j'ai décidé de croire en la justice.

– Madame Meyer...

– ... laissez-moi maintenant. Laissez-moi! s'exclama-t-elle d'une voix remplie de douleur.

– Comme vous voudrez… Mais sachez que même si je ne retrouve qu'un de vos enfants, je vous le ferai savoir par courrier. Gardez confiance, je vous en prie.

– Merci, maître.

Quand l'avocat quitta la cellule, Vérane se recroquevilla sur elle-même. Elle n'avait toujours pas faim, cependant elle avait conscience qu'elle devait se forcer à manger, ne serait-ce que pour Thibaut. Elle était en train de craquer psychologiquement, car dans cette prison, il n'y avait rien, absolument rien à quoi se raccrocher. Toutefois, même si se trouver là lui était devenu insoutenable, elle sentait que l'espoir de revoir le monde extérieur commençait à l'abandonner. Elle ne s'habituait absolument pas à cet endroit inhumain, car on l'avait « cassée », dépouillée de son honneur, et on avait oublié qu'elle avait droit au respect.

Si elle avait eu de quoi s'automutiler, elle l'aurait probablement fait. Entendre les autres prisonnières hurler, à toute heure du jour et de la nuit, les entendre taper sur les portes quand elles n'en pouvaient plus d'être emmurées, entendre le bruit des clés, des portes métalliques qui se renfermaient en grondant comme le tonnerre, entendre les gardiens marcher ou rire dans les couloirs… tout cela rendait plus insupportable encore le fait d'être cloîtrée dans ce « trou ». Et la dignité, ici, ce n'était qu'un mot dénué de sens.

19
Ville de Mulhouse
Maison d'arrêt, quartier des femmes
Mercredi 5 décembre 1973
13:56

Vérane s'était préparée à revoir Thibaut. Comme elle ne voulait pas qu'il s'inquiète trop pour elle, elle allait faire semblant d'aller bien. À l'heure de rejoindre le parloir, elle marcha d'un pas soutenu sous la garde d'un surveillant. Quand elle l'aperçut, elle se força à sourire, mais saisit tout de suite qu'il n'était pas content. Après s'être assise, elle décrocha le combiné du téléphone et chuchota d'une voix douce :

— Tu n'as pas l'air bien... Que se passe-t-il?

— J'ai croisé le directeur de la prison en venant. Il m'a demandé de ne plus venir.

— Mais pourquoi ?

— Parce que je ne suis pas ton mari.

— Oh mon Dieu...

— Je continuerai à t'écrire, mon cœur, mais cette nouvelle m'attriste, tu comprends ?

– Quel malheur… Je suis vraiment en train de tout perdre. Depuis que Charles est mort, j'ai perdu mes enfants, ma maison, mon travail, et maintenant je devrai me contenter de t'écrire et d'attendre tes lettres !

– Je ne sais pas quoi te dire, mon ange. Je t'aime tant !

Thibaut se mit à sangloter. Vérane tenta de se contenir et de le réconforter.

– Ne pleure pas, je t'en prie… J'ai besoin d'un homme qui puisse surmonter tous les obstacles avec moi. Tu m'as dit que l'amour pouvait traverser les murs, et je t'ai cru… Alors mon chéri, sèche tout de suite tes larmes et   donne-moi ta force…

– D'accord…

– D'ailleurs, comme je commence à m'habituer à cet endroit, je suis sûre que je tiendrai jusqu'au procès, car il est ma seule chance de recouvrer la liberté. Mon destin m'a conduite ici, et je dois l'accepter. Alors ne t'inquiète pas.

Ces paroles soulagèrent Thibaut, mais la jeune femme n'en pensait pas un mot. En fait, elle était prête à tout pour qu'il ne soit pas aussi malheureux qu'elle.

– Je te promets, mon amour, que tout ira bien, lui assura-t-elle. J'ai beaucoup pleuré, mais regarde, j'ai fini par comprendre que les choses arrivent pour une bonne raison.

– Je t'aime...

– Moi aussi... Et puis, c'est peut-être mieux que nous ne nous voyions plus dans cet endroit, car chaque séparation serait encore plus douloureuse que la précédente. Au moins, nous pourrons nous livrer totalement l'un à l'autre dans nos lettres. Et peu importe si de nombreuses personnes les lisent ! Je m'en fous à présent !

– D'accord, Vérane, répondit-il, les larmes aux yeux.

– Allez, ce n'est pas si dramatique que ça !

– Ce n'est pas ça...

– Que se passe-t-il ?... Tu ne m'aimes plus?

– Si, au contraire...

– Tu sais que tu peux tout me dire...

– Je... J'ai peur... dit-il en bégayant.

Un des gardiens qui surveillait leur conversation, dérangea Thibaut.

– Il ne vous reste plus que cinq minutes.

Vérane fit comme si elle n'avait rien entendu. Elle regardait son amant d'un air inquiet, comme s'il était sur le point de lui révéler quelque chose de très important.

– Mon chéri, qu'est-ce qu'il y a ?

– Non, rien, c'est l'émotion… Pardonne-moi…

La jeune femme cessa d'insister, mais savait qu'il ne lui avait pas tout dit. Bien qu'elle fût consciente qu'elle ne le reverrait pas avant son procès, elle parvint à lui sourire et à lui lancer un baiser du bout des doigts. Elle avait si bien caché sa peine et son désespoir qu'il n'avait rien soupçonné et put repartir le cœur un peu plus léger. Vérane, elle, retourna dans sa cellule en traînant son chagrin comme un boulet.

Elle s'allongea sur son lit et attendit que le temps passe. On lui apporta son repas qu'elle fit l'effort d'avaler, mais sans ressentir le moindre plaisir. Elle écrivit plusieurs pages à Thibaut, puis à ses enfants, en espérant que très bientôt elle apprendrait où ils avaient été placés. Le soir venu, elle s'endormit et rêva de l'océan, des montagnes, d'un vaste désert brûlé par le soleil. Elle rêva qu'elle volait dans le firmament avec des ailes de fée. Quand elle se réveilla au petit matin, elle regarda autour d'elle et se rendit compte qu'elle se trouvait dans un lieu où seul régnait le malheur.

Lorsqu'elle se leva pour boire un peu d'eau au robinet du lavabo, une douleur violente au niveau du ventre l'obligea à se rasseoir. Elle ferma les yeux en attendant que ça passe, cependant son corps loin de se calmer se couvrit subitement de sueur. Elle avait froid, puis chaud. Elle ne savait pas du tout ce qu'il se passait. C'était comme le mal de mer, mais le bateau, c'était la geôle.

20
Ville de Mulhouse
Bureau du juge d'instruction
Mardi 11 novembre 1973
8:42

Ce mardi-là, on vint la chercher dans sa cellule en ne lui disant pas où on allait l'emmener. Des gardiens de la prison prirent en charge la jeune femme affaiblie, et la conduisirent dans un bâtiment qu'elle reconnut tout de suite. Dans la salle d'attente, le jeune avocat était déjà là. Il la salua et parut plus concentré que jamais. Comme il ne parlait pas, elle lui demanda pourquoi elle avait été convoquée. Il lui répondit que le juge d'instruction voulait absolument découvrir la vérité.

Vérane, suivie de maître Lafoi, fut conduite dans le grand bureau du magistrat. Dans la salle, la greffière était déjà installée, et cette fois-ci, madame le procureur de la République était absente. Le juge arriva quelques minutes plus tard et s'assit tout en observant l'accusée, qui avait changé depuis sa première comparution. Son visage s'était un peu creusé, et son teint était plus pâle. Il ouvrit le dossier et relut rapidement l'interrogatoire précédent. Quand il eut terminé, il ne regarda pas l'avocat. Il semblait ne pas vouloir respecter le protocole, comme s'il fallait que ça aille vite.

– Madame Meyer, c'est la deuxième fois que vous venez ici. Jusqu'au procès, mon rôle sera de comprendre comment les faits se sont déroulés, et j'ai l'impression que des choses m'échappent dans cette affaire. Vous savez que vous n'êtes pas obligée de me répondre, c'est votre droit, mais j'aimerais bien que vous m'aidiez... Plus vite je saurai ce qui s'est vraiment passé, plus vite je clôturerai mon instruction. Alors, pouvez-vous me fournir de nouvelles informations sur le décès de votre mari ?

Vérane, semblant se désintéresser de la question, regarda un instant le plafond de la pièce, puis posa les yeux sur le juge.

– Je vous ai tout dit. Je voulais me suicider, rien de plus.

– D'accord, vous vouliez vous suicider. Mais pourquoi vouliez-vous le faire, alors que vous condamniez par là même vos enfants à devenir orphelins ?

– Car mon mari me rendait la vie impossible. Depuis quelques années, l'alcool le rendait fou. À cause de lui, il était totalement désinhibé et, lorsqu'il rentrait de son travail, il ne pensait plus qu'à me rouer de coups, jusqu'à ce que je me retrouve par terre. Parfois, tout en me tirant par les cheveux, il me frappait et ne cessait que lorsque je le suppliais de me laisser tranquille. Ses appétits sexuels étaient aussi très importants, ce qui fait que mes deux dernières filles sont nées suite à des viols répétés ! Quand je me refusais à lui, il menaçait souvent de faire du mal aux enfants, et moi, j'étais sûre qu'il en était capable !

– Mais il vous menaçait de quoi ?

– Il disait qu'il les conduirait en voiture aussi loin que possible de chez nous, puis les abandonnerait. Et si quelqu'un les avait retrouvés, il aurait dit qu'ils avaient fugué !

– Et vous vouliez vous suicider et laisser vos enfants avec ce père des plus violents?

– À cause de tout ce que j'avais déjà subi, je n'arrivais plus à penser ! Je voulais que tout s'arrête !

– Vous me cachez quelque chose ! Et vous savez que cela pourrait vous mettre dans de sales draps !

– Mais je suis la victime dans cette affaire !

— Madame, vous n'avez jamais montré le moindre regret concernant la mort de votre mari ! Cela aussi peut prouver que vous êtes impliquée dans cette tragédie.

— Je ne le regrette pas, non. Mais, croyez-moi, monsieur le juge, j'aurais préféré qu'il reste en vie, afin qu'il éprouve les mêmes souffrances que moi, et se rende compte à quel point la douleur peut détruire une personne.

— Vous n'avez pas honte de dire des choses pareilles !

Pendant que la greffière retranscrivait l'audition, l'avocat, ne voulant pas dévoiler son sentiment d'impuissance, se crut obligé de dire :

— Monsieur le juge, comme ma cliente n'allait pas bien à cette époque-là, elle a pensé que le suicide allait lui permettre d'échapper à cette situation dramatique. Elle a bien préparé ce poison et l'a rangé à côté des autres bouteilles, mais ce n'est pas sa faute si son alcoolique de mari l'a bu. Ce n'est pas un crime, mais un accident !

— Maître Lafoi, je vous entends bien, mais laissez-moi interroger votre cliente. Madame Meyer, admettons qu'en effet vous ayez eu l'intention de mettre fin à vos jours, alors je vous repose la question : pourquoi les témoins affirment-ils que le matin du quatorze novembre, vous souriiez à vos enfants et que vous paraissiez heureuse ? Ne me dites pas que vous songiez à vous suicider à ce moment-là !

– Monsieur le juge, je voulais simplement passer avec eux une journée inoubliable. Je souriais certes, mais le cœur n'y était pas. Je voulais me sentir proche d'eux une dernière fois, et d'ailleurs, pour qu'ils puissent se souvenir de moi et de mon amour pour eux, je leur ai même offert à chacun un objet qui m'était cher !

– Et où les avez-vous emmenés ?

– Je leur ai fait découvrir le Grand Ballon, monsieur le juge. C'est mon endroit préféré. J'y allais avec mes parents quand je n'étais encore qu'une enfant.

– D'accord, nous vérifierons cela. Autre question : vous alliez tous les dimanches à l'église, n'est-ce pas ?

– C'est exact, monsieur le juge.

– Êtes-vous croyante ?

– Plus ou moins... Je crois en Dieu, mais je n'ai pas de religion propre.

– Des témoins ont affirmé vous avoir vue parler avec un inconnu à la sortie de la messe du 11 novembre. Vous l'avez quitté en pleurant. De qui s'agissait-il ?

– Je ne m'en rappelle pas... Il me semble que je n'étais pas à l'église ce jour-là.

– Allez, allez, arrêtez, vous vous en souvenez très bien.

– Non, monsieur le juge, je vous assure...

– Comment s'appelait cet homme ? Dites-le-moi tout de suite.

– Je ne sais vraiment pas de qui vous parlez.

– Bon, comme vous voudrez... Vous allez retourner en prison et vous reviendrez me voir dans quelque temps... Peut-être aurez-vous alors recouvré la mémoire...

– Monsieur le juge, insista Vérane, je veux bien être accusée, mais je ne vois pas quel rapport il existe entre mon affaire et cet homme. Je travaillais dans une pharmacie, et je voyais des dizaines de clients tous les jours. Entre villageois, nous nous connaissons tous!

– Bien sûr, mais vous pleuriez, et cela était peut-être dû à ce que cet inconnu venait de vous dire !

– En fait, je suis allergique à l'encens... À chaque fois, mes yeux se mettent à pleurer, comme si je venais d'éplucher des oignons.

– Donc vous vous souvenez d'avoir pleuré devant l'église, après avoir parlé avec un homme ?

– Oui... Non... je n'ai parlé à personne.

– Et pendant la messe, comment vous sentiez-vous ?

– L'effet n'intervient pas tout de suite, monsieur le juge.

– Ah ! ce n'est pas immédiat... La prochaine fois que vous me mentirez, faites-le avec plus de conviction, car là, j'ai vraiment du mal à vous croire !

– Monsieur le juge, dit l'avocat, nous demandons la suspension de cette audition. Il paraît évident que ma cliente ne souhaite plus répondre à vos questions.

Le juge claqua des doigts, et les gardiens se chargèrent d'emmener Vérane dans le fourgon. Elle savait désormais qu'elle devait tout simplement obéir à leurs ordres. Toutefois, ces transferts n'auraient dorénavant plus aucun intérêt pour elle, puisque de toute évidence, ils ne lui permettraient pas de prouver son innocence.

Alors qu'elle était plongée dans ses pensées moroses, Vérane prêta brusquement l'oreille. Les gardiens avaient allumé la radio, et la voix de Gilbert Bécaud résonnait dans l'habitacle, ce qui eut pour effet de lui donner des frissons.

Et maintenant, que vais-je faire ? De tout ce temps, que sera ma vie ? De tous ces gens qui m'indiffèrent [...] Toutes ces nuits pour quoi ? pour qui ? Et ce matin qui revient pour rien [...] Vers quel néant glissera ma vie ? [...]

21
Ville de Mulhouse
Maison d'arrêt, quartier des femmes
Jeudi 13 décembre 1973
07:38

Vérane se réveilla, toute pâle et tremblante. Elle se leva, tâcha de regarder à travers les barreaux de la fenêtre et eut la surprise de constater que tout était blanc dehors. Il neigeait. Depuis qu'elle était enfermée, elle n'avait pas beaucoup entendu les bruits de la ville, mais ce jour-là, elle remarqua qu'ils avaient totalement disparu. Et ce silence accompagnant les flocons qui tombaient délicatement du ciel, avait créé un froid glacial dans la cellule. Un froid qui engourdissait ses doigts, gelait ses pieds. Lorsqu'un gardien lui apporta son petit-déjeuner, elle en profita pour lui demander de lui donner une couverture supplémentaire, afin qu'elle puisse se réchauffer. Il la lui apporta dès qu'il eut terminé la distribution matinale, mais lui précisa qu'elle ne devait dire à personne qu'elle avait eu droit à un traitement de faveur.

La jeune femme s'enveloppa dans cette dernière, qui avait une odeur de renfermé, comme si elle n'avait pas servi depuis des mois et n'avait jamais été lavée.

Il lui fallut plusieurs heures pour se sentir mieux.

Elle attendait avec impatience la soupe de midi qui, l'espérait-elle, l'aiderait à réchauffer son corps de l'intérieur. Soudain, elle se leva et se dirigea vers le lavabo ; elle se pencha pour vomir, mais n'y parvint pas. Cela faisait plusieurs jours qu'elle n'avait pas eu mal au ventre ; seules quelques douleurs éparses l'avaient fait souffrir le matin et le soir. Vérane pensa que le froid l'avait rendue malade. Toujours enroulée dans sa nouvelle couverture, elle resta debout jusqu'à ce qu'elle n'eût plus envie de régurgiter. À peine allongée sur son lit, elle dut se relever et se précipiter vers le lavabo. Elle eut même un vertige et se toucha le front pour vérifier si sa température n'était pas trop élevée. Elle n'appela personne, car elle ne voulait pas se retrouver face aux infirmières de la prison, qui devaient sans doute être plus désagréables les unes que les autres. Elle se débrouilla seule, passant ses mains sous l'eau tiède. Elle se mouilla aussi le visage.

Toutefois, elle ne pouvait s'arrêter de trembler.

Elle passa la journée à combattre la fièvre et finit par se détendre lorsque les nausées cessèrent.

Elle se sentait tout de même inquiète, car elle était à présent consciente que son corps était en train de s'affaiblir, et qu'il serait difficile, voire impossible de retrouver des forces dans un endroit pareil. Elle se résolut donc à manger afin de préserver sa santé. Se nourrir, se réchauffer, devinrent ses nouvelles priorités.

Ce matin-là, Vérane alla également se doucher afin de profiter de l'eau chaude, et ce, même si ce moment de bien-être lui parut fort court. En début d'après-midi, une eau glacée se mit à couler du robinet, car les tuyauteries et les canalisations étaient probablement plus anciennes que la prison. Vers quatre heures, à cause d'un affreux mal de tête, et en l'absence de tout médicament, elle n'eut d'autre choix que de tenter de trouver le sommeil. Durant la nuit, le froid s'intensifia, et ses tremblements reprirent de plus belle. La nouvelle couverture était presque inutile. Si seulement elle avait eu une bougie, elle aurait éprouvé un peu de réconfort.

Dehors, il neigeait encore. Des flocons tombaient à travers les barreaux sur le rebord de la fenêtre, formant petit à petit une épaisse couche de givre. Le vent qui se levait, produisait un sifflement aigu chuchotant que la tempête n'en était qu'à son début.

22
Ville de Mulhouse
Maison d'arrêt, quartier des femmes
Lundi 17 décembre 1973
09:12

Vérane n'allait pas bien. Le froid qui
continuait de sévir sur toute l'Alsace, ne
l'épargnait pas. Ce matin-là, elle reçut tout de
même une lettre. Mais lorsqu'elle constata
qu'elle venait de son avocat, elle fut
affreusement déçue et la lut sans grand
enthousiasme.

Madame Meyer,
Je vous envoie ce petit mot pour vous dire plusieurs
choses. La première, c'est que je n'ai pas encore
retrouvé vos enfants, mais je peux assurer que je vais
poursuivre mes recherches. La seconde chose, c'est que
je pars en vacances dans les Alpes pour les fêtes de
Noël, et je voulais vous souhaiter de belles fêtes. Je
sais que vous préféreriez être ailleurs en ce mois de
décembre, mais je tenais tout de même à vous dire
que vous n'êtes pas seule, bien que vous en ayez
l'impression. Je voulais vous réconforter un peu, car je

suis persuadé que la justice reconnaîtra bientôt votre innocence et vous permettra alors de sortir de prison.

La troisième chose, c'est que début janvier, quand je serai de retour, je reviendrai vous voir. Le juge d'instruction sait que vous avez parlé à un homme à la sortie de la messe du 11 novembre, et il ne faudrait pas que cela nous joue de mauvais tours.

Je vous laisse et vous prie d'agréer, madame Meyer, mes sentiments les plus distingués.

Maître Lafoi

Vérane n'aima pas ce courrier. Elle en fit une boule de papier et la jeta par terre. Elle savait que son avocat n'avait pas eu de mauvaises intentions en lui écrivant ces mots, mais aurait préféré qu'il évite de lui souhaiter de passer de joyeuses fêtes. Comment être heureuse en un tel lieu ? Comment être heureuse sans sa famille, ni l'amour de sa vie ? Comment être heureuse, alors qu'elle n'allait pouvoir ni parcourir les allées du marché de Noël de Colmar ou de Strasbourg, ni préparer un bon festin pour le réveillon ? Comment être heureuse, alors qu'il lui serait impossible d'acheter le sapin et de le décorer avec ses enfants ? alors qu'elle ne pourrait contempler les étincelles dans leurs yeux au moment de l'ouverture des cadeaux ? Comment être heureuse…?

Et pour le jour de l'An, comment être heureuse sans pouvoir rire avec ses proches et les embrasser à minuit ? Comment être heureuse, alors qu'elle serait dans cette geôle le premier jour de la nouvelle année ? Comment être heureuse, alors qu'elle était accusée d'un meurtre qu'elle n'avait pas commis ? alors que la justice l'avait privée de ses repères et de sa liberté ? Comment être heureuse…?

Vérane n'avait même pas envie de répondre à ce pli. Pour elle, ce n'était pas nécessaire. Par contre, elle attendait toujours une lettre de Thibaut ; elle craignait que les gens de la prison ne l'aient pas interceptée et n'aient décidé de ne pas la lui remettre. Elle ne savait pas exactement quel jour il était, mais vraisemblablement, Noël devait être proche. C'était du reste la première fois de toute sa vie qu'elle allait passer ces fêtes loin de sa famille. Et elle était conscience que cette solitude en cette période si féerique de l'année, lui prouverait à quel point la prison pouvait anéantir tout espoir, tout rêve de beauté.

23
Ville de Mulhouse
Maison d'arrêt, quartier des femmes
Jeudi 20 décembre 1973
19:24

Le gardien qui entra dans la cellule de Vérane pour lui apporter son dîner, s'était toujours montré courtois, mais n'avait jamais discuté avec elle. Ce soir-là, il posa lentement le plateau sur le lit de la jeune femme qui tentait de se réchauffer ; il paraissait moins pressé que d'ordinaire.

– Vous savez que vous aurez un repas amélioré pour le réveillon et le jour de Noël, puis pour le 31 décembre et le jour de l'An ?

– Non, je ne le savais pas… J'espère juste que les plats seront meilleurs et un peu plus appétissants.

– C'est vrai que les repas de la prison ne sont pas très bons ! Au fait, on vous fera passer un formulaire, et vous devrez vous inscrire si vous voulez voir le père Noël, aller à la messe de minuit ou au concert de musique classique qui aura lieu le soir du 25 décembre.

– Je n'irai certainement pas à la messe et ne rencontrerai pas non plus le père Noël. On m'a enlevé mes enfants, et je ne sais même pas où ils sont... Je resterai plutôt dans ma cellule afin de ne pas penser à toutes ces festivités.

– Votre demande de permission de sortie a été refusée ?

– Qu'est-ce que c'est ?

– Votre avocat a le droit de demander une permission de sortie, pour que vous puissiez passer les fêtes en dehors de la prison. C'est le juge d'application des peines qui décide de vous l'accorder ou non.

– Je ne le savais pas, et je doute que mon avocat y ait pensé. De toute façon, il est trop tard.

– Je suis désolé pour vous...

– S'il vous plaît, monsieur, pourriez-vous me dire si j'ai reçu du courrier ?

– Je crois que j'ai vu une enveloppe à votre nom... Vérane Meyer, c'est ça ?

– Oui...

– Eh bien, on vous l'apportera certainement demain. Parfois, ils attendent qu'il y ait assez de courrier pour le distribuer. Ça leur évite d'être tout le temps en train de courir dans les couloirs. Si vous y tenez autant, je vous l'apporterai dès que j'aurai fini de distribuer les repas.

– Je vous remercie...

– Alors, à tout à l'heure.

Le gardien referma la porte derrière lui. Toujours emmitouflée dans sa couverture, Vérane mangea sans appétit. Elle était persuadée que Thibaut lui avait écrit, et elle avait hâte d'avoir sa lettre dans ses mains. Il lui fallut attendre un peu plus d'une demi-heure, avant que la porte de la cellule ne s'ouvre de nouveau. Le gardien lui tendit la lettre en souriant, ce qu'il n'avait jamais fait auparavant.

– Voilà, j'espère que c'est celle que vous attendiez !

– Merci infiniment.

La jeune femme ne tarda pas à ouvrir l'enveloppe, car elle avait reconnu l'écriture de son amant.

Très chère Vérane,

Le mois de décembre, c'est celui que j'aimais le moins avant de te connaître, mais maintenant je le déteste. Depuis que je n'ai plus le droit de te voir au parloir, je suis triste et tente d'apaiser ma douleur en me garant presque tous les jours devant la prison, afin de me sentir plus proche de toi. Il a beaucoup neigé ces derniers jours, et le manteau blanc qu'a revêtu la nature, m'a montré à quel point il est dommage que

tu ne sois toujours pas libre. Si tu l'étais, nous pourrions nous promener ensemble, nous amuser, faire un bonhomme de neige, et rire comme de vrais enfants... Les fêtes arrivent, mais je ne ferai rien, car je ne parviendrai pas à faire semblant. Depuis que je suis né, je n'ai jamais raté une seule messe de Noël, mais cette année, je resterai seul chez moi... J'allumerai seulement quelques bougies et je penserai à toi. Assez parlé de moi. J'espère que tu vas bien, que tu parviens à manger, et que tu restes optimiste. Rappelle-toi que tu n'es pas toute seule, que je suis là et que j'attends avec impatience ta sortie. Plus rien ne pourra alors nous séparer. Tu seras mienne et je serai tien. Je sais que pour l'instant, ta vie ressemble à une tragédie, mais un jour, tu seras libre et tu pourras oublier à quel point la justice s'est trompée à ton sujet. Ce jour-là, je serai là et te prendrai dans mes bras.
Je t'aime et t'embrasse avec ardeur,
Thibaut

Vérane ne rangea pas tout de suite la lettre. Elle la relut plusieurs fois, en regardant chaque mot, chaque virgule, chaque point. Avant de la glisser sous le matelas, elle sentit le papier pour essayer de percevoir l'odeur de son   bien-aimé. Avant de s'endormir, elle lutta contre le froid de la nuit s'immisçant dans la pièce tel un invité nocturne. Elle avait le   cœur   gros.   En   raison   de   son

164

amaigrissement, les traits de son visage changeaient petit à petit : ses rides étaient plus prononcées, les coins de sa bouche s'affaissaient, et ses yeux paraissaient plus enfoncés qu'auparavant. Le désespoir se dégageait dorénavant de tout son être.

Quoique la jeune femme profitât parfois du temps de la douche pour laver ses vêtements, ceux-ci n'étaient pas propres et ne sentaient pas bon. Elle qui avait toujours été une femme maniaque, avait du mal à supporter une telle saleté. Sur l'échelle de l'humanité, elle était au plus bas, même si peu avant Noël, elle avait noté que les gardiens se montraient plus sympathiques et faisaient un peu plus preuve de compassion. Noël change les hommes, mais en janvier, ils oublient leurs bonnes résolutions. Même les guerres ont leur « trêve ».

24
Ensisheim
Près du palais de la Régence
Samedi 22 décembre 1973
4:35

Thibaut se réveilla de très bonne heure. Après s'être douché, habillé et rasé de près, il but son premier café noir de la journée. Il attrapa ses clés, puis sortit de sa maison. Dehors, la neige n'avait pas fondu, et le froid était toujours aussi vif. De sa bouche s'échappait une buée blanchâtre lorsqu'il expirait. Il monta dans sa voiture, puis roula doucement, car une fine couche de neige recouvrait la route, accompagnée de petites plaques de verglas. Il ne faisait pas encore jour, quand il arriva dans le village d'Ensisheim. Il gara sa voiture près du palais de la Régence, puis attendit les deux jeunes hommes qui devaient le rejoindre. Quelques minutes plus tard, ils apparurent ; ils étaient habillés tout en noir. Sous les arcades sombres, ils discutèrent pendant un moment, avant de marcher ensemble vers la maison centrale.

Les trois hommes disparurent dans l'ombre. Deux heures plus tard, Thibaut revint à hauteur de sa voiture. Il se pencha au-dessus de la fontaine et s'aspergea frénétiquement le visage et les bras d'eau glacée, comme s'il se sentait sale. Il se mit à vaciller, mais continua de se mouiller jusqu'à ce qu'il soit totalement trempé. Sa respiration était rapide, et il était essoufflé comme s'il venait de réaliser une prouesse physique. Il entra dans sa voiture en traînant les pieds, puis posa sa tête sur le volant.

Le soleil se levait timidement ; et avant que l'on puisse l'apercevoir, Thibaut démarra pour quitter le village. Il roula jusqu'à Murbach et freina près de la grande église. Il poussa la porte en pleurant et s'assit sur un banc tout en fixant la sacristie ; il finit par lever les yeux comme s'il voulait invoquer Dieu. Il resta là longtemps et, même s'il préféra ne pas prier, il avait visiblement besoin d'aide. Il n'avait pas envie de rentrer chez lui et, dans cette église, il se sentait moins seul. Le jeune homme était dehors, mais avait l'impression d'être en prison : sans Vérane, il n'était décidément rien. Il était presque midi quand il ouvrit la porte de sa demeure ; il regarda dans sa boîte aux lettres

pour voir si son amante lui avait répondu.
Mais elle était aussi vide que lui.

25
Ville de Mulhouse
Maison d'arrêt, quartier des femmes
Lundi 24 décembre 1973
22:45

Les enfants se jetèrent dans les bras de Vérane pour l'embrasser. Charles était absent, mais Thibaut, lui, l'attendait. Il ne tarda pas à l'enlacer et à la serrer très fort contre lui. Les enfants couraient allègrement autour du couple, qui tournait sur lui-même dans un élan de bonheur. La table était dressée avec une élégance exceptionnelle. Des chandelles éclairaient les flûtes et les couverts que l'on ne sortait que pour les grandes occasions, et les serviettes étaient pliées d'une manière originale. La nappe blanche faisait ressortir la luminosité des petites pierres décoratives et des assiettes, dont les bords étaient dorés. Thibaut et les enfants s'assirent autour de la table, tandis que Vérane se rendait à la cuisine pour sortir du four la dinde et les légumes de saison qu'elle avait préparés, puis déboucher la bouteille de vin millésimé qu'elle avait choisie pour elle et son compagnon.

Pour le dessert, elle avait confectionné une vraie bûche glacée, qui serait dévorée un peu avant minuit, quand les enfants mettraient le petit Jésus dans son berceau au milieu de la crèche reconstituée, qui se trouvait sous le sapin éclairé par des guirlandes électriques, orné de boules multicolores, et surmonté d'une étoile filante.

Pendant le repas, la famille réunie ne cessa de rire, de discuter de toutes sortes de projets de vacances, de rêves à réaliser, de sorties à organiser dans différents coins de France, de l'école des enfants, du travail de Thibaut qui comblait enfin ses ambitions, de celui de Vérane, qui lui offrait enfin un sentiment de plénitude. On parla de la mer, des villes et des montagnes, de littérature, de peinture, de l'hiver et des beaux jours qui reviendraient, de chansons, et les enfants récitèrent certains poèmes qu'ils avaient appris par cœur pour faire plaisir à leur mère. Jusqu'à minuit, personne ne bougea de cette table où les retrouvailles étaient dignement fêtées. Avant que les cloches ne sonnent, ils se mirent en chemin pour assister à la messe de minuit. Il faisait froid dans l'église, mais les membres de cette famille n'en souffraient nullement, car ils étaient là pour autre chose. Lorsqu'ils rentrèrent chez eux, tout leur être était rempli des meilleurs sentiments possibles. Les enfants se dépêchèrent de pendre des chaussettes en laine au sapin en espérant qu'à leur réveil, en découvrant leurs cadeaux, celles-ci seraient remplies de friandises, de chocolats, de douceurs exquises… Ils s'endormirent heureux. Pendant ce temps, Vérane et Thibaut se trouvaient dans le salon ; ils s'embrassaient, se câlinaient, tant ils étaient heureux d'être de nouveau ensemble. Le jeune homme profita de ces instants si précieux pour offrir un présent à sa douce. Visiblement émue, elle se hâta de l'ouvrir. Cette fois, elle ne refusa pas la bague qu'il avait fait faire sur mesure afin de la glisser à son doigt. Dans quelques mois, ils se marieraient et ne se quitteraient plus jamais. Thibaut était aux anges, et Vérane semblait être la femme la plus heureuse du monde. Son visage respirait la joie de vivre. Elle embrassa son futur époux avec amour. Il fit de même tout en lui susurrant des mots tendres...

Vérane se réveilla en sursaut. Elle se redressa et s'aperçut avec amertume qu'elle venait de rêver. Elle regarda la table, le lavabo, la petite fenêtre et ses nombreux barreaux, le lit immonde sur lequel elle était allongée, ainsi que toutes les inscriptions se trouvant sur les murs. Bien des gens avaient souffert ici avant elle. Un plateau était posé sur le lit. Elle n'avait même pas entendu qu'on lui avait apporté son dîner. Elle le mangea sans le moindre appétit. En cette nuit symbolique, personne ne vint la chercher, ne lui demanda si elle allait bien ou avait besoin de se confier ou de pleurer au creux d'une épaule amicale. On la laissa dans l'obscurité de sa cellule, sans possibilité d'oublier ne serait-ce qu'un court instant, qu'elle était prisonnière. Et il était inutile de hurler ou de frapper à la porte, car les gardiens n'étaient pas là, et les autres prisonnières avaient soit obtenu leur permission de sortie, soit assistaient à la messe spéciale donnée pour elles. Vérane n'avait pas voulu y assister. Elle était donc oubliée et invisible aux yeux de tous. Délaissée, transparente. Elle existait tout juste. Elle se rendormit en souhaitant ne pas replonger dans le même songe. Car elle ne voulait pas se réveiller encore une fois et être confrontée à cette profonde désillusion.

26
Ville de Mulhouse
Maison d'arrêt, quartier des femmes
Mardi 8 janvier 1974
10:09

La neige s'était arrêtée de tomber, mais
l'intensité du froid n'avait pas faibli. Alors
que Vérane était assise et toujours enveloppée
dans sa couverture, un gardien ouvrit la porte
et lui demanda de le suivre. Bien qu'elle
ignorât où elle allait être emmenée, elle
n'hésita pas à quitter sa cellule. Il ne lui passa
pas les menottes, alors elle pensa tout d'abord
qu'elle devait avoir une visite. Et même si ce
ne pouvait être Thibaut, elle serait heureuse
de voir un autre de ses proches, un autre être
humain. Mais dans le couloir, le gardien ne
s'arrêta pas devant la porte conduisant au
parloir. Durant une petite seconde, la jeune
femme pensa qu'on allait la remettre en
liberté, que le directeur allait arriver d'une
seconde à l'autre pour lui adresser ses
meilleurs vœux de bonheur, puis lui ouvrirait
la porte, et qu'elle sentirait sur son visage le
souffle de la liberté. Mais ce n'était qu'une

idée parmi des milliers d'autres qui fourmillaient dans sa tête. Soudain elle vit le fourgon et sut aussitôt où elle allait être conduite. Dans le bureau du juge d'instruction. Devant un homme de loi avide de connaître la vérité, car trop habitué à auditionner des gens capables de la cacher. Vérane pensa alors à son avocat qu'elle allait sûrement revoir ; il serait tout content d'avoir passé des vacances avec sa famille et tenterait bon gré mal gré de gérer le retour à la réalité. Elle espérait que cette fois, il jouerait vraiment son rôle et l'aiderait à prouver que toutes les allégations portées à son encontre étaient fausses. Après tout, s'il avait choisi ce métier, c'était certainement afin de défendre de vrais criminels, de vrais voleurs ; par conséquent, prouver l'innocence d'une cliente aurait dû être un jeu d'enfant pour lui. Quand Vérane arriva dans le bâtiment où travaillait le juge d'instruction, elle ne vit pas maître Lafoi. Elle se dit qu'il était sans doute en retard et la rejoindrait rapidement. Elle put tout de même profiter de la douce chaleur qui régnait dans la petite salle où elle devait attendre. Les deux gardiens s'étant mis à l'écart, elle se recoiffa sommairement. Le magistrat arriva et la salua, puis lui indiqua d'un geste de la main qu'il allait la précéder jusqu'à son bureau. Tout en se dirigeant vers la chaise où elle s'était assise la dernière fois, elle se demanda pourquoi son avocat lui faisait faux bond. Le juge s'assit à sa place ; il paraissait souriant et décontracté, comme s'il venait de recevoir des bonnes nouvelles.

– Avant de commencer, je dois vous dire que votre avocat ne viendra pas. Vous n'êtes donc pas obligée de répondre à mes questions, mais ce serait mieux, car ainsi je ne tarderais plus à clôturer l'enquête, et votre procès pourrait avoir lieu dans un délai raisonnable... Vous allez bien depuis la dernière fois ?

Vérane fit un signe de la tête en guise de réponse. C'était plus un non qu'un oui.

– Où en étions-nous ?

La greffière dont le rôle était notamment de retranscrire l'audition, entra sans frapper. Elle prit place et se hâta de taper quelques mots.

– Certaines personnes affirment vous avoir vue pleurer, après que vous avez parlé avec un homme à la sortie de la messe du onze novembre… Madame Meyer, je vous prie de me révéler son identité.

– Je ne répondrai pas à cette question, lui répondit-elle dans un souffle.

– Bon alors, laissez-moi vous en poser une autre : vous avez décidé de placer la bouteille qui contenait de la Digitaline dans le placard

177

où étaient rangés tous les alcools, c'est bien cela?

– Oui.

– Vous m'avez indiqué que vous vouliez vous suicider, mais jamais vous n'avez pensé que quelqu'un d'autre pourrait boire le contenu de cette   bouteille ?

– Non.

– Selon vous, votre mari était alcoolique, et pourtant jamais vous ne vous êtes dit qu'en rentrant, il pourrait avoir envie de se servir un verre ?

– Non, puisque j'avais prévu de récupérer très vite ce poison et de le boire dans la foulée. Mais comme ma fille pleurait, j'ai dû changer mes plans.

– Donc au moment où vous êtes montée dans sa chambre pour prendre soin d'elle, vous n'aviez plus envie de vous suicider ?

– Si, mais après l'avoir consolée, je n'en ai pas eu le courage de redescendre et de me donner la mort. Comme je savais que Charles était allé dormir, je pensais qu'il n'y avait aucun danger.

– Et puis vous avez fini par vous endormir dans le lit de Florence. Pourquoi ne pas avoir dormi dans votre chambre ?

– Je craignais tout simplement que la dispute avec mon mari ne recommence et qu'il en vienne à me frapper. Je ne voulais plus le voir, monsieur le juge, et je souhaitais qu'il quitte la maison.

– Vous ne vouliez plus le voir... Vous aviez envie qu'il parte... Donc vous éprouviez de la haine à son encontre.

– Oui, mais jamais je n'ai envisagé de le tuer. Je ressentais juste de la colère, beaucoup de colère.

– Puis le matin, vous vous êtes levée, car le téléphone sonnait. Joséphine, la jeune gardienne, vous a annoncé qu'elle ne pouvait pas venir. Vous avez alors préparé les enfants, et vous vous êtes aperçue que la voiture ne démarrait pas. Vous avez alors essayé de réveiller Charles, mais comme il ne réagissait pas, vous avez appelé le médecin de famille. Ce qui me trouble, c'est que vous n'ayez parlé à personne du fameux poison !

– Mais je ne pouvais pas savoir qu'il l'avait bu. Je ne l'ai pas vu faire, et puis j'ai été tellement choquée que j'ai tout oublié !

– Donc la veille, vous vouliez vous suicider, puis vous avez abandonné l'idée, et enfin le matin, après avoir constaté le décès de votre époux, vous n'êtes même pas allée voir si la bouteille était intacte. Comment avez-vous pu oublier cela ?

– Je n'en sais rien, je vous le jure !

– Hum…

– Maintenant, je ne répondrai plus à aucune de vos questions.

– Comme vous voudrez. Je vais vous faire ramener en prison, cependant vous reviendrez bientôt. Votre avocat sera sûrement là, mais je veux que vous sachiez qu'il est important que vous soyez sincère. Vous et moi n'avons pas de temps à perdre. Après la clôture de l'instruction, vous serez jugée devant les assises, et le président se montrera certainement moins patient que moi!

– Je peux vous jurer que je n'ai rien fait. Rien du tout.

– Tous ceux qui viennent dans ce bureau disent la même chose au début. Puis un jour ou l'autre, ils craquent. Certains pleurent, d'autres prennent conscience que Dieu les regarde et veulent obtenir son pardon ; d'autres encore se décident à parler, car ils voient bien qu'ils n'ont aucun autre choix. Parfois, ça prend du temps, mais ils finissent tous par faire des aveux. Dans la vie, la vérité finit toujours par être connue. Il y aura un moment où vous ne saurez plus quoi inventer, et où vous serez bloquée.

– Cela ne se produira pas, monsieur le juge, car je n'ai rien fait.

Les gardiens raccompagnèrent Vérane dans le fourgon. Durant le trajet, elle s'emmitoufla de nouveau dans sa couverture. La chaleur était si douce dans le bureau du magistrat qu'elle avait oublié combien le froid hivernal était pénétrant. Elle se rendit compte que le soleil illuminait un ciel sans nuages, mais ne put réellement en profiter, car on la ramena promptement à sa cellule.

La jeune femme attendit son repas en espérant recevoir des nouvelles de Thibaut. Elle lui avait écrit juste avant les fêtes de fin d'année, mais ignorait s'il avait pu la lire. L'homme qui apportait le déjeuner, entra dans la geôle. Parfois, il paraissait sympathique, et d'autres fois, il se montrait très distant. Il posa le plateau sur le lit. Avant de se diriger vers la porte, il regarda une feuille qu'il avait pliée et mise dans une de ses poches, avant de déclarer d'une voix forte :

– Vérane Meyer, vous avez reçu du courrier. Il vous sera remis après-demain.

Il la salua, puis referma la porte. Vérane scruta cette dernière en pensant à la lettre qu'elle avait reçue. Peut-être était-elle de ses enfants ou de son amant... Il lui semblait insupportable de devoir attendre pour pouvoir en prendre connaissance. Décidément, il fallait toujours attendre... Attendre qu'on la croie, qu'on la juge, alors qu'elle était innocente. Attendre, quand chaque seconde était une seconde de trop.

Attendre, quand le temps s'envolait et serait à jamais perdu. Attendre, alors qu'elle avait l'impression de n'avoir plus rien à espérer...

27
Ville de Mulhouse
Maison d'arrêt, quartier des femmes
Mercredi 9 janvier 1974 15:14

Vérane avait le moral à zéro. Le temps passait trop lentement. La promenade du matin ne s'était pas bien passée. Les autres prisonnières ne l'aimaient pas et, sans aucune raison, l'insultaient ou cherchaient la confrontation. Sûrement qu'elles sentaient qu'elle n'avait rien à faire ici, qu'elle n'avait pas les mêmes faiblesses. Comme la jeune veuve se tenait toujours à l'écart, elles proféraient des menaces à son encontre, comme si elles lui en voulaient d'être différente. Par exemple, à l'heure de la douche, Vérane, qui était très pudique, tardait à se déshabiller, puis se lavait très vite afin de ne pas être agressée. Mais son comportement agaçait et donnait l'impression aux autres détenues qu'elle les méprisait et refusait de leur ressembler.

Elles ne pouvaient lui pardonner de se montrer aussi distante et hautaine, et n'auraient point hésité à la corriger, si les gardiens n'étaient pas restés pour les surveiller. Plusieurs fois d'ailleurs, elle dut se protéger pour ne pas recevoir de mauvais coups. En fait, l'hostilité suintait aussi des murs de cette prison.

Malgré son manque d'appétit, Vérane avait pris son repas tout en restant enroulée dans sa couverture. Afin de calmer son impatience concernant la lettre dont le gardien lui avait parlé, elle décida durant l'après-midi, d'écrire à son amant.

Cher Thibaut,

Je n'en peux plus. Ce matin, j'ai fait l'effort de sortir afin de me promener un peu dans la cour de la prison. Mais les autres prisonnières se sont montrées tellement méchantes que j'ai décidé de ne pas renouveler l'expérience. Je ne me doucherai plus non plus, car quand les surveillants détournent le regard, elles deviennent folles et me menacent pour que je me soumette à leur bon vouloir. Tu vois l'effet monstrueux que ces murs ont sur des femmes qui étaient sûrement ordinaires avant d'être incarcérées ! Mon ange, j'espère que la lettre que l'on me remettra demain, sera de toi. Je t'ai écrit il y a quelques jours, mais je ne sais pas si tu m'as déjà lue, car la Poste a certainement pris beaucoup de retard à cause des fêtes... Tout ce que tu dois savoir, c'est que mon avocat n'était pas là hier, quand on m'a transférée chez le juge d'instruction pour un énième

184

interrogatoire. Je n'ai répondu que très évasivement à ses questions. Il m'a dit que le procès aurait lieu quand il serait persuadé d'avoir découvert le fin mot de l'histoire. Il est déçu et pense que je finirai par avouer, mais je lui ai bien assuré que j'étais innocente et que cela n'arriverait jamais.

De plus, de jour comme de nuit, je suis enveloppée dans une couverture, car le froid est sec et piquant, et nul n'est encore venu changer la vitre de la fenêtre qui est cassée. J'essaie de manger pour ne pas succomber à ces températures polaires, et je pense souvent à toi pour oublier ces difficiles conditions de détention. Quand je dors, je rêve de toi et du bonheur que je ressentirai lorsque nous vivrons ensemble. Mon chéri, dès que j'apprendrai quelque chose de nouveau, comme la date de mon procès, je te le ferai aussitôt savoir. Si tu y assistes, je pourrai plonger dans tes yeux et reprendre courage, croire que la fin de ce calvaire est proche.

Je voudrais aussi que tu me racontes ce que tu fais de tes journées. Que tu me parles des paysages, des odeurs du matin, des crépuscules hivernaux, des villages où tu te rends, et de tout le reste...

Je t'aime mille fois plus à chaque seconde.

Baisers,

Ta Vérane

La jeune femme plaça la lettre dans son enveloppe et la glissa sous son matelas. Le soir allait tomber quand elle s'allongea. Il fallait manger, dormir, afin d'attendre plus sereinement le lendemain et le fameux courrier, qui lui permettrait certainement de vivre un moment de joie dans cet océan de misère humaine.

28
Ville de Mulhouse
Maison d'arrêt, quartier des femmes
Jeudi 10 janvier 1974
11:24

Vérane n'entama pas tout de suite son repas. Elle choisit de le laisser refroidir, tant elle était pressée de prendre connaissance de la lettre qu'on venait de lui remettre. Elle décacheta l'enveloppe, en sortit doucement la feuille et la déplia pour la lire.

Ma très chère Vérane,
J'ai été très heureux de recevoir ta dernière lettre. Heureux, car j'ai la certitude que tu sortiras bientôt. Voilà pourquoi tu dois continuer d'y croire. Si j'étais toi, j'écrirais sans attendre une note au directeur de la prison, afin que la vitre soit réparée ou changée. Je ne comprends pas comment ils peuvent te laisser vivre dans de telles conditions c'est une honte !
De mon côté, je ne sors pas et ne profite de rien. J'attends juste que tu sois libre pour apprécier le quotidien avec toi. J'aurais honte de jouir de mes

187

journées, de me balader, de visiter de nouvelles villes, de m'asseoir sur un banc dans la nature, alors que toi, tu n'en as pas la possibilité. Je préfère attendre que nous soyons ensemble. Ce sera merveilleux quand nous marcherons, main dans la main, où bon nous semblera.

Et même si je ne peux pas te voir, rien ni personne ne pourra nous empêcher de nous aimer. Je t'envoie de la force et de l'espoir. Je t'envoie tout ce dont tu as besoin pour tenir le coup jusqu'à nos retrouvailles. Tu verras, la roue tourne, et tu auras toi aussi droit au bonheur. Je t'embrasse ,ton Thibaut qui t'aime

29
Ville de Mulhouse
Siège des services sociaux du Haut-Rhin
Lundi 14 janvier 1974
14:12

– Bien, merci à tous d'être venus à cette réunion. Il s'avère que par ordre du parquet du département, ces quatre enfants ont été mis sous la tutelle de nos services en raison du placement en détention de leur mère. Nous avons la charge de ces enfants depuis le 16 novembre 1973, soit depuis exactement soixante-trois jours. Nous sommes en mesure aujourd'hui d'attribuer à chaque famille ici présente un enfant, afin qu'il soit scolarisé, ait au moins un semblant de vie de famille, et puisse avoir les meilleures chances de devenir un adulte responsable et un bon citoyen.

– Lisa a huit ans, c'est l'aînée de cette fratrie. C'est une petite fille très polie, qui adore lire et a un talent certain pour le dessin. Elle réclame encore beaucoup ses parents, et en particulier sa mère, dont elle était très proche.

189

Elle a besoin de beaucoup d'affection, mais je suis persuadée qu'elle se montrera docile. Il faudra simplement lui accorder un temps d'adaptation. Elle vous est attribuée, monsieur et madame Bonnisher, car il est évident qu'un peu de distance lui fera le plus grand bien. Les enfants de ce type doivent souvent être éloignés géographiquement parlant, afin de se sentir mieux et de dépasser leurs angoisses... Vous habitez à Nancy, n'est-ce pas ?

– Oui, tout à fait, répondit le couple d'une même voix.

– Monsieur et madame Werstrekein, vous vous verrez attribuer le petit Guillaume. C'est un garçonnet de six ans qui aime lire, mais qui pleure souvent, car il est très sensible. De plus, il est très poli, très obéissant, et est vraiment éveillé pour son âge. Il aime se promener dans la nature et profiter de la pluie. Je dois aussi vous dire qu'il est désorienté lorsqu'il est loin de ses sœurs , alors vous devrez être à son écoute et répondre autant que possible à ses besoins, pour qu'il puisse retrouver le sourire et se construire un bel avenir. Vous demeurez à Metz, c'est bien ça ?

– Oui, répondit l'homme.

Sa femme chuchota un oui timide juste après.

– Bien, monsieur et madame Zimmermann, nous vous confions Florence. Elle aura cinq ans le 20 mai prochain. Elle aussi est très en avance pour son âge ; elle parle très bien, mais ne sait ni lire ni écrire. Il faudra que vous soyez intransigeants avec elle. Elle pleure énormément et a visiblement été très choquée d'avoir été aussi brusquement séparée de sa mère. Comme elle restera proche de sa ville natale, nous vous donnerons des conseils pour qu'elle puisse s'épanouir dans votre famille, mais je suis certaine que tout se passera bien… Breisach, ce n'est pas très loin!

– Bon, Madame et Monsieur Gidronet, vous aurez en charge la petite Blanche, qui aura très bientôt deux ans. Nous vous la confions, car nous savons que vous avez déjà été famille d'accueil, et que vous saurez prendre soin de cette enfant et lui permettre de suivre une bonne scolarité... Vous, vous habitez à Wissenbourg.

– Voilà, je crois que j'ai fait le tour de ce que je voulais dire aux familles. Maintenant je vais vous laisser avec les enfants, afin que vous puissiez faire connaissance avant de partir avec eux. Je vous remercie encore d'être venus, et n'oubliez pas que vous pouvez nous contacter à tout moment, et ce, même si vous ne désirez poser qu'une seule question. Vous aurez toujours quelqu'un à qui parler, je puis vous l'assurer. Merci aussi pour les enfants. Bon, suivez-moi, c'est par ici !

L'assistante sociale conduisit les quatre couples dans une salle où les quatre frère et sœurs étaient en train de s'amuser en silence avec des cubes en bois.

Chaque couple s'avança vers l'enfant qui lui avait été attribué. Ils s'agenouillèrent devant eux en souriant, et certains participèrent même à leurs jeux.

Quand arriva le moment de la séparation, ce fut absolument atroce. Lisa, Guillaume, Florence et Blanche commencèrent à sangloter en se serrant les uns contre les autres. L'aînée qui avait tout de suite compris qu'on allait de nouveau la séparer de sa famille, se mit à crier :

– Non ! je ne veux pas vous suivre ! S'il vous plaît, laissez-moi rester avec mon frère et mes sœurs !

Malheureusement, le sang-froid des travailleurs sociaux et des parents intérimaires apparut au grand jour.

Malgré leurs protestations, les enfants, qui jusque-là étaient restés ensemble, furent envoyés dans quatre villes différentes et perdirent en quelques instants leurs repères. Chacun d'eux allait devoir s'habituer à vivre une nouvelle vie dans une maison lui étant totalement étrangère. Il devrait accepter de vivre auprès de parents qui jamais ne pourraient l'aimer d'un amour pur et vrai ; cet amour familial qui permet de se construire et d'acquérir quelques certitudes sur la vie et les relations humaines. Ces quatre enfants seraient ainsi contraints d'oublier leurs proches et leur identité. Quant aux gens des services sociaux, aux familles d'accueil et aux éducateurs, ils oublièrent dans cette affaire que cette fratrie était composée d'êtres humains faits de sentiments et ayant besoin d'être aimés pour aller de l'avant et trouver le bonheur.

30
Ville de Mulhouse
Maison d'arrêt, quartier des femmes
Mercredi 17 janvier 1974
10:25

L'avocat entra dans la cellule de Vérane. Quand il la vit, il sourit, mais la jeune femme ne lui rendit pas son sourire. Elle était furieuse qu'il l'ait laissée seule face au juge d'instruction.

– Bonjour, madame Meyer. Comme j'étais dans le coin, je suis venu prendre de vos nouvelles... Je reviens de vacances… C'était sublime ! Mes enfants ont adoré la neige, et il y en avait beaucoup cette année... Ma femme elle aussi a été comblée !

– Et vous n'étiez pas là la semaine dernière...

– Je sais, j'ai du reste présenté mes excuses au juge, mais comme je savais qu'il n'y aurait pas de nouveaux éléments, je ne me suis pas trop inquiété. Pourquoi ? Que s'est-il passé?

– Eh bien, le juge pense qu'il existe un lien entre la mort de Charles et le fait que j'ai pleuré après avoir discuté avec un homme à la sortie de la messe du 11 novembre.

– Dites-moi, avez-vous effectivement parlé avec un homme ? Qui était-ce ?

– Je me demande si je dois vraiment vous parler.

– Madame Meyer, vous pouvez tout me dire, car je suis tenu au secret professionnel... Allez-y, je vous en prie. Plus j'en sais, mieux c'est !

– C'était Thibaut, un homme avec qui j'ai une relation amoureuse depuis un an environ. Ce jour-là, je suis effectivement allée à la messe, mais il n'y a pas assisté. C'est lorsque je suis sortie que je l'ai vu et qu'il m'a annoncé que tout était fini entre nous. J'ai pleuré, c'est vrai, mais il n'existe aucun rapport entre cette scène et le décès de mon mari ! Comme je l'ai déjà dit, la Digitaline devait me permettre de mettre fin à mes jours !

– Je vous crois, mais il ne faudra pas en parler au juge, sinon la procédure durera encore plus longtemps... Continuez de faire comme si vous ne vous en souveniez pas, et sans nom ni preuves, cela n'ira pas plus loin. Je vais écrire dès cet après-midi au magistrat, afin qu'il clôture son instruction et qu'une date de procès puisse être fixée.

– Mais j'ai peur qu'ils me condamnent, alors que je ne suis coupable de rien !

– Mais non, ne vous inquiétez pas. Je peux vous assurer que tout se terminera bien pour vous. En effet, le juge n'a pas réuni de preuves suffisantes pour établir votre culpabilité.

– Je sais, je sais, mais cela ne me rassure pas…

– Arrêtez de vous tracasser, car vous verrez que très bientôt vous serez libre et pourrez enfin reconstruire votre vie.

– Je veux sortir d'ici pour retrouver l'homme que j'aime et mes enfants...

– Ne craignez rien, car lorsque je demanderai au tribunal de vous rendre vos enfants, nul ne pourra s'y opposer... Allez, soyez optimiste, car je vous promets qu'un jour, je retrouverai leur trace.

– Pour le moment, je n'y arrive pas, car je suis bien trop angoissée.

– J'en suis conscient, mais il faut regarder la vérité en face : vous n'êtes pas seule, et ce, même si vous en avez parfois l'impression. Je suis là, moi, et puis vos enfants et votre amant ont confiance en vous... D'ailleurs, comment s'appelle-t-il déjà ?

– Thibaut.

– Et puis, votre vie n'est pas finie, elle est devant vous… Songez qu'il y a des gens qui passent plus de vingt ou trente ans en prison. Mais vous, vous sortirez dans quelques mois.

– Je l'espère, dit-elle en soupirant.

– N'abandonnez pas, je vous en prie.

– Envoyez ces lettres, s'il vous plaît.

– Sans problème...

Vérane sortit de dessous son matelas des lettres destinées à Thibaut et les lui remit.

– Bon, je vous revois bientôt pour vous dire si le juge a accepté ou non de clore le dossier d'instruction… Prenez soin de vous, madame Meyer, et surtout gardez espoir.

L'avocat tapa à la porte métallique, et on lui ouvrit quelques secondes après. Il avait un tout petit peu réussi à remonter le moral de Vérane. Elle n'affichait pas un franc sourire, mais un certain optimisme était en train de renaître en elle.

31
Ville de Mulhouse
Maison d'arrêt, quartier des femmes
Mardi 22 janvier 1974
18:26

Quand on lui tendit une lettre, Vérane crut tout d'abord qu'elle venait de Thibaut. Toutefois en découvrant les premières lignes, elle comprit qu'elle avait été écrite par les parents de Charles, qui avaient voulu lui faire part de leur tristesse et leur colère, de leur dégoût et leur déception.

À Vérane Meyer,

Nous sommes âgés, nous ne marchons plus sans l'aide de nos cannes, et nous sommes sans doute proches de la mort, mais avant de perdre nos ultimes forces, nous voulions vous dire que nous n'avons pas été surpris lorsque nous avons appris que vous aviez tué notre enfant. Dès notre première rencontre, nous avons su que vous n'étiez pas digne de notre fils, car il était évident que vos défauts étaient nombreux – la liste est bien trop longue, pour que nous les énumérions ici. Quand notre fils nous a dit, il y a dix ans, qu'il

allait vous épouser, nous n'étions pas du tout d'accord,
mais nous avons préféré nous taire afin de ne pas
gâcher son bonheur. Depuis ce temps-là, nous avons
toujours eu un mauvais pressentiment, et
malheureusement, nous avions raison. Au vu du
crime que vous avez commis, nous espérons que vous
passerez de longues années en prison, que vous
connaîtrez la solitude, la vraie, et qu'elle vous
permettra de vous repentir. Le tribunal vous jugera, et
Dieu qui vous regarde, statuera lui aussi sur votre
sort. J'espère que vous avez honte d'avoir supprimé la
vie de votre mari. Nous lui avions donné la vie, et
vous la lui avez ôtée. Depuis que les gendarmes nous
ont annoncé cette terrible nouvelle, nous ne dormons
plus, nous ne mangeons plus. Si nous avons la force
d'assister au procès, nous applaudirons lorsque votre
peine sera prononcée, et nous pourrons partir la tête
haute, alors que la honte vous fera baisser la vôtre.
Antoinette et Albert Meyer

Cette lettre était tellement injuste que Vérane ne put s'empêcher de pleurer, lorsqu'elle eut terminé de la lire. Ne voulant point taire son ressentiment, elle s'empressa de répondre à ses beaux-parents afin de leur dévoiler certains pans de son âme.

Chers Albert et Antoinette,
Bien que je comprenne votre douleur et l'aversion que
vous éprouvez à mon encontre, je dois vous dire que

vous faites erreur. Je n'ai pas tué votre fils et n'ai même jamais songé à lui faire du mal. Quand j'étais à l'école, nous étudiions la biologie. Un jour, le professeur a voulu que les élèves dissèquent une grenouille afin de mieux connaître son anatomie. Je me rappelle être alors partie en courant pour ne pas voir mourir cet animal innocent. Alors croyez-vous vraiment que j'aurais pu assassiner mon mari et le père de mes enfants ? La cruauté de votre lettre m'a beaucoup touchée et m'a fait comprendre que vous m'avez toujours détestée, et que ce drame vous permet aujourd'hui de régler vos comptes. Moi, au contraire, j'ai toujours eu de l'estime pour vous, et je souhaite que vous preniez conscience que je ne suis pas coupable… Même si je ne peux pas vous empêcher de m'écrire, je vous saurais tout de même gré de ne plus le faire, car je n'ai pas besoin de haine, mais d'optimisme. En effet, je sais qu'un jour, mon innocence sera prouvée, et qu'une fois libérée, je tenterai de me reconstruire et de pardonner à Charles toutes les violences qu'il m'a infligées. Son alcoolisme a ruiné sa vie et la mienne, mais je refuse de vous donner plus de détails sur ce qu'il m'a fait subir. Une femme doit être aimée et respectée, mais apparemment vous ne le lui aviez pas appris. Je sais que je serai sur le banc des accusés, mais des innocents peuvent parfois se retrouver à cette place, alors que les coupables, eux, sont tranquillement assis dans la salle.

Vérane Meyer

32
Wattwiller
Bureau de l'avocat
Mardi 29 janvier 1974
15:25

Le jeune avocat avait un air des plus sérieux, tandis que, penché sur son bureau, il finissait d'écrire un pli qu'il devait expédier de toute urgence. Quand il eut terminé, il téléphona au parquet pour évoquer le dossier concernant Vérane.

– Allô ? Bonjour, maître Lafoi, je désirerais parler un instant à monsieur le juge, s'il vous plaît... Non, je ne quitte pas...

Après quelques minutes d'attente, il eut enfin la personne qu'il attendait.

– Monsieur le juge, bonjour. Je vous appelle pour vous parler de l'affaire Meyer. Je voudrais savoir si vous avez l'intention de clôturer l'enquête, afin que ma cliente comparaisse devant la cour d'assises à une date raisonnable. En effet, il paraît évident qu'aucun nouvel élément ne sera trouvé... Oui, je vous mets tout cela par écrit... Je vous

remercie infiniment et j'attends votre retour !
Au revoir, monsieur le juge !

L'avocat raccrocha avec la conviction que tout se passerait bien.

Le magistrat n'avait pas paru contrarié par sa demande et l'avait juste prié de la lui envoyer par courrier, ce qu'il fit dans l'heure qui suivit. Un peu plus tard dans l'après-midi, il fut surpris de recevoir un coup de téléphone du juge d'instruction, qui avait remis tous ses documents au parquet, et voulait lui faire signifier la date de comparution de l'accusée devant la cour d'assises.

Dès que la conversation fut terminée, maître Lafoi décida d'aller voir sa cliente.

Quand il arriva devant la porte de sa cellule, il inspira longuement pour se donner du courage, car il craignait sa réaction. Il entra et vit que Vérane était emmitouflée dans sa couverture, car le froid persistait.

– Chère madame, vous n'irez plus voir le juge d'instruction, car l'on m'a indiqué que votre audience aurait lieu le 27 mai.

– Est-ce que c'est vraiment une bonne nouvelle ?

– Eh bien, fondamentalement non, mais comme nous sommes en janvier, il ne vous reste que quatre mois à attendre !! Pas plus !!!

– Formidable... Je vais vivre quatre mois en enfer, et après cette audience, je recouvrerai peut-être la liberté… Pour vous, ces mois passeront vite, mais pour moi, cela me semblera une éternité !

– Écoutez, j'ai fait du mieux que je pouvais. D'autres prisonniers attendent un an, voire deux avant d'être jugés, alors vous devriez être un peu plus enthousiaste !

– Mais je le suis…

– On ne le dirait pas à vous entendre !

– Seulement, je le serai encore plus lorsque je sortirai d'ici !

– Je comprends... Bon je vais vous laisser, car je dois finir de préparer ma plaidoirie pour demain. Je vous promets que je reviendrai très vite vous voir.

– Je vous remercie d'être venu, maître.

– Au revoir et à bientôt !

L'avocat frappa à la porte métallique et s'en alla sans tarder. Vérane se rappela alors qu'elle avait promis à Thibaut de l'avertir dès qu'elle aurait des nouvelles. Elle plaça aussitôt des feuilles sur ses genoux, puis commença à écrire. Sa main tremblait.

Mon amour,
Mon avocat vient de m'annoncer que ma comparution devant les assises aura lieu le 27 mai, si tout va bien. J'espère que tu viendras ! Demain, je t'écrirai plus longuement, mais pour l'instant, je suis encore sous le

coup de la surprise, et je n'ai pas les idées assez claires
pour te dire tout ce que je ressens.
Je t'embrasse,
Ta Vérane

La jeune veuve n'était ni heureuse, ni désillusionnée, mais avait l'impression que cette date d'audience constituait une avancée importante concernant son affaire. Tout ce qu'elle souhaitait à présent, c'est que Thibaut puisse se trouver dans la salle, afin qu'elle n'ait pas l'impression d'affronter seule la justice.

33
Ville de Mulhouse
Maison d'arrêt, quartier des femmes
Mardi 12 février 1974
10:58

Le gardien qui, ce jour-là, remit une lettre à Vérane, était le plus sympathique de la prison, car il n'hésitait pas à lui sourire et à s'enquérir de sa santé. Vérane ouvrit rapidement l'enveloppe, tant elle était pressée de lire la réponse de Thibaut, mais sa joie fut de courte durée.

Ma douce,
Je t'aime, je t'aime plus que tout, mais je dois te dire qu'à cette date, je ne pourrai pas assister à l'audience... Je travaille, tu sais, et l'on ne m'accordera aucun congé. Par contre, quand tu sortiras, je serai là, et nous aurons alors l'éternité pour nous aimer... Pardonne-moi d'être aussi brutal, mais je préfère être honnête. Mes pensées ne te quitteront pas un seul instant, ainsi jamais tu ne te sentiras esseulée... Ma chérie, je voudrais que tu me

dises si, malgré mon absence, tu parviendras à faire
face à cette épreuve et croire en l'avenir...
Je t'envoie mille baisers,
Thibaut

Les larmes aux yeux, Vérane se leva et déchira la lettre en maints morceaux, qui volèrent dans la cellule comme de gros flocons... Elle resta debout, puis regarda le ciel et cria :
– C'est ça l'amour ? C'est vraiment ça? C'est ma seule chance d'échapper à cet enfer, et il ne viendra pas ! Mais qu'ai-je fait au bon Dieu pour mériter ça ?   Qu'ai-je fait ?
Le dos contre le mur froid, le visage enfoui dans les mains, elle s'assit et se mit à pleurer. Au moment où elle voulut se relever, une douleur atroce parcourut tout son corps, accompagnée de multiples nausées… Les jours suivants se ressemblèrent tous, la jeune femme restant couchée la plupart du temps. Jusqu'au printemps où le froid laissa place à des températures plus douces, puis une lumière plus vive, des odeurs bien plus agréables.
Vérane attendait le mois de mai, le mois de la délivrance.

34
Ville de Colmar
Cour d'assises
Lundi 27 mai 1974
09:25

La salle d'audience était pleine. Tout le monde finissait de s'installer. Il y avait tout d'abord des gens dans les gradins en mezzanine, mais qui n'avaient aucun rapport avec l'audience. Sur l'estrade, deux assesseurs en robe noire étaient assis aux côtés du président, dont la robe était rouge. Sur les bancs les plus proches de cette estrade, se trouvaient les parents de Charles. L'avocat de la défense semblait concentré, car l'heure était grave. Le ministère public était représenté par une femme à l'allure hautaine. La greffière, elle, avait visiblement l'habitude d'être là et ne semblait pas du tout impressionnée ; elle était prête à assister la cour et noter le déroulement des débats. Les neuf jurés regardaient droit devant eux. Il y avait parmi eux des hommes et des femmes, qui avaient été tirés au sort et choisis par le maire de Colmar : il s'agissait de personnes n'ayant aucun problème notoire, n'étant ni alcooliques, ni déficientes mentales. Vérane était installée sur le banc des accusés ; elle pouvait sans aucune difficulté se pencher pour s'adresser à voix basse à son avocat, assis devant elle. Au-dessus de l'estrade des magistrats et du juge, une balance était posée sur une étagère. C'était le symbole de la justice. Comme tout était en bois dans cette salle, à chaque fois que quelqu'un marchait ou bougeait, on entendait de nombreux grincements. Le silence qui trônait, n'était normal. Il évoquait celui qui précède les tempêtes. Le premier jour d'audience se déroula sans que rien ne se décide, car le président, puis les avocats questionnèrent successivement les témoins oculaires et les médecins légistes.

Vérane se contenta d'écouter. Le président avait décidé de l'interroger le jour suivant, juste avant de s'isoler pour décider du verdict.

Quand l'audience fut suspendue vers cinq heures de l'après-midi, maître Lafoi eut le sentiment qu'il avait tellement bien plaidé que sa cliente était pratiquement sauvée. Il tenta même de lui prouver qu'il fallait garder espoir. Il finit du reste par la convaincre, car ce soir-là, Vérane pensa que plus jamais elle ne reverrait ces murs lugubres et moisis.

Le lendemain, elle était déjà prête quand les gardiens vinrent la chercher dans sa cellule pour la conduire au tribunal.

35
Ville de Colmar
Cour d'assises
Mardi 28 mai 1974
15:25

Vérane écoutait tout, mais n'entendait rien.
Elle regardait les fenêtres qui donnaient sur
l'extérieur, en ayant envie que tout cela
s'arrête. De plus, quoiqu'elle eût espéré la
venue de Thibaut, il n'était pas là. Elle était
assise, et quand son avocat se leva pour sa
plaidoirie, elle but littéralement ses paroles.
Elle était fière de lui et lui faisait entièrement
confiance. Quand ce fut son tour de prendre
la parole, la jeune femme conjura la cour de la
croire et répéta plusieurs fois qu'elle était
innocente. Tout le monde dans la salle la
dévisageait et l'écoutait. Le président avait
l'air ennuyé, et l'avocate générale se
désintéressait visiblement de ses propos, tant
elle était persuadée que cette veuve avait
assassiné son mari. Vint ensuite le tour des
jurés, qui durent marquer sur un morceau de

papier s'ils pensaient que l'accusée était coupable ou non. Les papiers furent collectés, puis le président en prit connaissance. Quand les trois magistrats se levèrent pour aller prendre leur décision, l'avocat de Vérane se retourna et lui dit :

– Ne vous faites pas de souci ! Ça va aller!

Quinze minutes plus tard, ils revinrent et s'assirent en silence. Il avaient l'air abattu. Le président déclara :

– Madame le procureur de la République, avez-vous une dernière proposition à nous soumettre ?

Celle-ci n'ayant apparemment peur de rien, se leva et, d'une voix forte, commença sa déclaration finale :

– Monsieur le président, messieurs les assesseurs, messieurs les avocats, mesdames et messieurs du jury, nous n'avons pas eu droit à des aveux de la part de madame Meyer. Il semblerait que se soustraire à la vérité soit sa seule préoccupation, et le ministère public ne peut pas prendre la décision de laisser libre une femme qui est accusée d'avoir commis un assassinat des plus choquants. Les différentes déclarations de son avocat ne m'ayant pas paru objectives, nous nous voyons dans l'obligation de vous demander de condamner madame Meyer à trente ans de réclusion criminelle.

– Merci, madame le procureur, dit le président.

Toute la salle paraissait trembler pour la jeune femme, qui avait les yeux grands ouverts tant elle avait du mal à croire ce qu'elle venait d'entendre. Les gestes frénétiques de son avocat prouvaient à quel point lui aussi était angoissé.

Le président finit par déclarer :

– La cour, après en avoir délibéré conformément à la loi, vu les articles du Code pénal associé à cette affaire, et avoir entendu tous les témoins, les médecins de l'Institut médico-légal de Mulhouse, les avocats des deux parties, ainsi que le ministère public, va prononcer la sentence.

La salle était complètement silencieuse. Vérane tremblait et se recroquevillait de plus en plus sur elle-même.

Le président poursuivit.

– À la question : « Vérane Meyer est-elle coupable d'avoir volontairement ôté la vie à son mari, Charles Meyer ? », … il a été répondu « oui » à la majorité de huit voix au moins. À la question : « Vérane Meyer a-t-elle agi avec préméditation ? », … il a été répondu « oui » à la majorité de huit voix au moins. Enfin, à la question : « Vérane Meyer bénéficie-t-elle de circonstances atténuantes

? », … il a été répondu.... « non » à la majorité de huit voix au moins…

La jeune femme s'écroula en sanglots. Sa tête lui semblait lourde, et elle était secouée de tremblements nerveux. Son avocat, lui, paraissait tétanisé. Il avait sûrement honte de ne pas avoir conquis l'auditoire et devait s'en vouloir d'avoir subi un échec aussi cuisant. La salle fut parcourue par un frisson glacial, lorsqu'elle comprit que le verdict allait être proclamé.

– … En conséquence, la cour condamne l'accusée à la peine de mort.

Vérane hurla un non qui résonna dans tout le bâtiment. Certains par contre avaient le sourire, comme les parents de Charles qui se permirent même d'applaudir.

Maître Lafoi se retourna vers sa cliente et, les yeux humides, murmura d'une voix saccadée :

– Ce n'est pas terminé, car nous allons tout de suite nous pourvoir en cassation... Je vous promets que le jugement sera bientôt annulé… Gardez courage, je vous en prie.

Sans qu'elle ait prononcé un seul mot, Vérane fut ramenée en prison.

36
Ville de Mulhouse
Maison d'arrêt, quartier des femmes
Vendredi 14 juin 1974
09:08

Depuis que Thibaut avait dit à Vérane qu'il ne pourrait pas venir, il n'avait donné aucune nouvelle. Peut-être avait-il appris la sentence qui avait été prononcée et n'osait pas la recontacter. Alors qu'elle était plongée dans ses sombres pensées, son avocat entra dans sa cellule. Son visage fermé n'augurait rien de bon.

– Le pourvoi en cassation...

– Vous l'avez obtenu ?

L'avocat tendit une feuille à Vérane, qu'elle lut silencieusement.

REJET DU POURVOI EN CASSATION DE VÉRANE MEYER CONTRE LA COUR D'ASSISES DE COLMAR QUI A CONDAMNÉ LE 28 MAI 1974 L'ACCUSÉE À LA PEINE DE MORT POUR AVOIR COMMIS UN

Vérane laissa tomber le document, incapable qu'elle était de le lire en entier.

– Mais ce n'est pas possible ! Je n'ai rien fait ! Je veux sortir d'ici !!

– Pour le moment, ce n'est pas possible.

– Mais ils vont m'exécuter !!

– Calmez-vous...

– Mais comment pourrais-je me calmer ?! Je vais crever sur l'échafaud, si vous ne m'aidez pas !!

– Il reste maintenant la grâce présidentielle. Nous sommes en démocratie, et je suis persuadé que nul ne souhaite que vous soyez guillotinée... Je sais que c'est très dur à vivre, mais là, je vous le jure, ce sera la fin. Le président n'aura pas d'autre choix que de vous gracier...

– Mais détrompez vous ! Un président comme celui que nous avons ! Il ne donnera jamais cette grâce ! Je vous le dis, nous sommes dans une République monarchique ! Il faudrait mieux un homme à l'étoffe d'un roi pour gérer une société nouvelle basée sur des notions réelles d'amour et d'espoir, de partage et d'égalité des chances ! La grâce, je suis certaine que je ne l'aurai pas ! J'en suis absolument sûre ! Mais réagissez ! Dites quelque chose !

Vérane était pâle, n'avait plus d'espoir. Thibaut lui manquait, et cette souffrance s'ajoutait à toutes celles qui la rongeaient de l'intérieur. Et si le président de la République ne lui accordait pas cette amnistie, alors on décapiterait vraiment une innocente…

37
Ville de Mulhouse
Maison d'arrêt, quartier des femmes
Dimanche 16 juin 1974
12:17

Vérane se mit à écrire d'une main tremblante.

Mon cher Thibaut,
Tu n'es pas venu, mais ce n'est pas grave. Tu ne
m'as pas écrit non plus, mais je te pardonne. Tu as
probablement appris que j'ai été condamnée à la
peine de mort, et le pourvoi en cassation vient d'être
refusé. Il ne reste plus que la grâce présidentielle. Si le
président ne me l'accorde pas, alors je ne serai plus là
pour te donner tout l'amour que tu mérites. Comme
je ne sais pas si nous nous reverrons, je voulais te dire
au revoir. Je suis sûre qu'un jour ou l'autre, tu
trouveras une femme qui te rendra heureux. J'espère
tout de même que parfois tu penseras à moi, afin que
je ne tombe pas totalement dans l'oubli. Sache que je
t'ai aimé de tout mon cœur, que je t'aime en cette
seconde et t'aimerai encore de là-haut. Je suis
vraiment innocente, mais ma vie est entre les mains
du destin. L'audience s'est passée tellement vite que je

n'ai pas eu le temps de réaliser ce qui était en train de se passer. J'aurais aimé te voir, regarder une dernière fois ton visage avant de disparaître.

Au moment où je t'écris, je pleure, même si cela ne sert plus à rien. Il va me falloir du courage pour mourir dans la dignité. Après tout, le bourreau exécutera la sentence et me permettra de rejoindre les cieux, comme je l'avais décidé. La seule chose qui me donnait envie de rester en vie, c'était toi et mes enfants. Aujourd'hui, je n'ai plus rien, alors qu'importe la mort. Ne m'oublie jamais, mon chéri, et sois persuadé que je veillerai toujours sur toi.

Un ultime baiser d'amour,

Vérane

38
Ville de Guebwiller
Maison de Thibaut
Jeudi 27 juin 1974
11:47

Chère Vérane,

Pardonne-moi de ne pas t'avoir pas donné de signe de vie depuis la fin du procès. J'ai tellement été anéanti en apprenant ta condamnation dans le journal que j'ai été incapable de t'écrire et de te soutenir, comme j'aurais dû le faire.

J'étais sur le point de me dénoncer, mais j'ai eu peur. D'ailleurs, cette peur ne me quitte plus, car je ne supporte pas l'idée de te perdre. Je sais que jamais je ne pourrai aimer une autre femme que toi, et que ta mort me conduira vers la mienne. À quoi bon vivre si l'on n'a plus rien ? Attendons tout de même de connaître la décision du président, puis nous aviserons. Même si je suis inquiet et m'en veux de ne pas pouvoir te sauver, n'oublie jamais, ma chérie, que je suis à tes côtés, et que notre amour est plus fort que tout.

Je t'embrasse tendrement,
Thibaut

223

39
Ville de Mulhouse
Maison d'arrêt, quartier des condamnés
Vendredi 9 août 1974
04:54

Thibaut n'avait pas réussi à dormir depuis plusieurs nuits. Il arriva devant la maison d'arrêt de Mulhouse un peu avant cinq heures. Quand il entra dans la prison, on le guida dans différents couloirs et, dans un des passages, il aperçut la guillotine, sa bascule, sa planche relevée où la condamnée allait être attachée. Il vit qu'un seau carré en métal se trouvait devant la lunette, et qu'une grande corbeille en osier était posée sur la gauche de l'engin. La guillotine était cachée par quelques auvents, mais d'en haut, on voyait tout. Le directeur de l'établissement l'accueillit en lui tendant chaleureusement la main.

– Je vous remercie d'être venu à l'heure.

L'avocat de Vérane était là lui aussi. L'aumônier rejoignit le petit groupe, puis se présentèrent le gardien-chef de la prison et un représentant du parquet général.

– Allons-y, murmura le directeur.

Deux gardiens supplémentaires arrivèrent afin de guider le groupe dans une aile isolée de la prison, qui accueillait les condamnés à la peine capitale. Ainsi on ne risquait pas de réveiller les autres prisonniers et de provoquer des débordements.

Le gardien-chef s'immobilisa devant la porte de la cellule de l'accusée, tourna doucement la clef et ouvrit la porte, avant de s'effacer sur le côté. Maître Lafoi fut le premier à entrer.

Vérane se réveilla en sursaut. En le reconnaissant, elle se mit à sourire.

– Ma grâce ? Je suis graciée ? Ça y est?

L'avocat fut incapable de trouver ses mots. Quand elle aperçut derrière lui le directeur de la prison et l'aumônier, son sourire s'effaça aussitôt.

Le gardien-chef entra dans la cellule et lui dit :

– Ne faites pas d'histoire, s'il vous plaît, et préparez-vous.

Toujours emmitouflée dans sa couverture, la jeune femme se mit debout. En cet instant, nul ne pouvait distinguer ses formes. Elle fut d'abord emmenée dans une petite salle où l'aumônier traça un signe de croix sur son front et lui donna l'absolution. Puis le gardien-chef lui tendit une feuille blanche et un stylo pour qu'elle écrive, si elle le souhaitait, à une personne de son choix. Elle refusa d'un signe de la tête.

Le gardien-chef entra dans la pièce avec une paire de ciseaux afin de couper le col de sa chemise et ses cheveux, qui empêchaient sa nuque d'être découverte. Il lui tendit enfin une cigarette qu'elle accepta, puis un verre de cognac qu'elle but d'un trait. Dans le couloir, le silence était pesant. Les regards s'évitaient, et le directeur de la prison regardait sans cesse sa montre. Il finit par faire un signe au gardien qui entra avec deux hommes dans la cellule. Ces derniers tinrent fermement la détenue par les épaules, tandis que le gardien-chef lui liait les poignets dans le dos.

Lorsqu'elle hurla non d'une voix étranglée qui résonna dans tout le couloir, personne ne sembla l'entendre. Sur un signe du directeur de l'établissement, les gardiens la conduisirent à l'endroit où se trouvait l'assistant de l'exécuteur.

Tout le monde savait que dès qu'elle aurait aperçu la guillotine, les choses devraient aller très vite. Mais quand l'exécuteur en chef apparut, Vérane le regarda avec stupeur et faillit s'évanouir.

Il s'avança vers elle et pria les gardiens de la lâcher.

Tous se reculèrent.

– Mais... Thibaut, que... que fais-tu ici ?

Immobile et blême, ce dernier la regarda avec intensité.

– Je dois te dire quelque chose... Je t'ai menti... C'est ici abattoir...

– Mais... pourquoi ne m'as-tu jamais dit que tu faisais ça ?

– Eh bien, j'étais certain que tu ne m'aimerais plus si tu l'apprenais, dit-il dans un souffle.

– Mais je t'aime pour l'homme que tu es.

– Mon père était aussi exécuteur… Quand il est mort, j'ai repris le flambeau, mais j'ai toujours exécré ce métier. Quand je t'ai rencontrée, j'étais déjà en train de changer, car je venais à l'église pour trouver le chemin de la vérité... Je voulais être un homme bon et arrêter de faire ça... Pardon...

Les deux amants se mirent à pleurer.

– Tue-moi. Accomplis ton devoir, je t'en prie.

– Non, jamais je ne pourrai le faire. Je porte cet habit, mais en moi, il y a un homme comme les autres qui a le droit d'aimer et d'être aimé. Tu te souviens, quand tu m'as dit que tu aimais m'aimer?

– Oui…

– Eh bien, moi aussi, j'aime t'aimer. Grâce à toi, je me suis remis en question, et j'ai compris que quand le couperet tombe, il ne coupe pas seulement la tête d'hommes et de femmes, il exécute aussi des pères ou des mères de famille, des filles ou des fils, des frères ou des sœurs. Les proches sont eux aussi condamnés et souffriront jusqu'à la fin de leurs jours d'avoir perdu un être cher, car peu importe ce que celui-ci avait fait, ils l'aimaient. Comment alors pourrai-je tuer celle qui est tout pour moi ?

– Thibaut, regarde… murmura Vérane, en montrant son ventre.

– Je viens juste de le remarquer… Et même si c'est l'enfant de ton mari, je l'aimerai autant que je t'aime…

– Non, tu ne comprends pas… Il est…de toi…

– De moi ?

– Oui, tu vois, tu es un bourreau, mais pour une fois, tu as donné la vie.

– Seigneur, mais comment cela est-il possible?

– Il y a neuf mois exactement, nous nous sommes donné l'un à l'autre dans la chapelle…

– Alors, tu vas bientôt accoucher, c'est ça?

– J'ai des contractions depuis quelques heures, et elles se rapprochent… Donc oui, notre enfant est à l'heure…

– Notre enfant !

– Oui, le nôtre !

– Notre enfant !

– Et on va former une famille, désormais! Et nous deux, nous nous aurons toute la vie !

Jusqu'à notre dernier souffle pour pouvoir nous aimer !

– C'est ce que je souhaite aussi, mais n'oublies pas qu'il y aura d'autres vies après la vie pour nous donner encore et pour l'éternité..

– Oh oui !

– J'ai failli mourir ! Mais tu vois, c'est la vie qui a gagné! La vie sauve la vie !

–Je vois

– Personne ne veut mourir, c'est la vie qui nous quitte ! Et ceux qui réussissent à se suicider comme je voulais le faire auparavant n'existent pas mais « sont ». Ce que je veux dire c'est que la vie est précieuse !

– Je me sens vraiment heureux pour la première fois !

– Moi aussi. Je suis heureuse que tu sois l'homme que tu es. L'habit de ton âme, c'est l'apparence. C'est ce que je regarde quand je te vois. Mais ce qui rayonne à l'intérieur de toi, c'est ce que je vois quand je te regarde.

Thibaut prit Vérane dans ses bras et l'embrassa. Ceux qui assistaient à cette scène, ne réagirent pas. Le jeune homme réussit à faire emmener sa chère et tendre à l'hôpital le plus proche. Pour la justice, il fallait attendre que le bébé soit né, pour que la détenue puisse être exécutée.

40
Ville de Mulhouse
Maternité de l'hôpital
Samedi 10 août 1974
09:50

Vérane venait à peine de donner la vie, quand on autorisa Thibaut à entrer dans la chambre où elle se reposait. Il avait changé d'habits et ne portait plus de noir. Le nouveau papa contempla son enfant et comprit que sa vie venait de changer à jamais. Quand la jeune femme ouvrit les yeux, elle prit le bébé dans ses bras pour le lui montrer.

– C'est une petite fille. Regarde, elle te ressemble, lui dit-elle avec fierté. Je sais comment nous allons l'appeler : Victoria !

– Cela lui va à merveille... Mais avant de laisser éclater ma joie, je dois te dire quelque chose. Tous les gens qui travaillent à la prison savent à présent que nous nous aimons, car nous nous sommes embrassés devant eux. Ce qui me paraît étrange, c'est qu'ils n'aient jamais remarqué que tu étais enceinte.

Heureusement que j'étais là, sinon vous seriez mortes toutes les deux.

– Normalement, ils attendent qu'une femme enceinte accouche avant de la guillotiner, mais comme ils ont compris la nature de notre relation, ils ne tarderont pas à venir te chercher pour qu'un bourreau d'un autre département exécute la sentence. Donc, nous devons tout de suite partir d'ici. Habille-toi chaudement et couvre bien le bébé.

– Partir ? Mais Victoria vient tout juste de naître !

– Nous n'avons pas le choix, mon amour...

– Mais où irons-nous ? C'est notre pays ici, et puis j'y ai mes enfants, mes repères...

– Nous irons là où nous serons en sécurité. Nous ne rencontrerons pas trop de difficultés si nous nous dépêchons de passer la frontière.

– Tu sais, Victoria va bien, mais elle n'a pas pleuré depuis qu'elle est née. D'ailleurs, une sage-femme m'a dit qu'il fallait la garder sous surveillance.

– Ma chérie, nous devons partir... Nous sommes une famille maintenant, et je dois vous protéger.

Le bébé dans les bras, les deux amants se mirent en route vers dix heures du soir. Ils sortirent de l'hôpital, et par chance, personne ne les surprit dans leur fuite. Dans la nuit, ils firent attention de ne pas se faire remarquer et trouvèrent leur chemin dans la campagne grâce au clair de lune. Ils marchèrent jusqu'au petit matin, où ils passèrent sans aucun problème la frontière allemande. Alors qu'ils laissaient le Rhin derrière eux, le bébé se mit brusquement à pleurer.

– Thibaut, notre fille pleure ! C'est comme si elle venait de naître ! Elle a attendu que nous soyons sauvés !

– C'est grâce à Dieu !

– Je crois que je sais ce qu'est Dieu, mon amour. De la densité, de l'intensité, de l'esprit, et l'union. C'est ce que nous sommes. Nous tous, les Hommes. Il faut croire en l'Homme. Nous l'avons fait jusqu'à présent. C'est ainsi que nous sommes là. C'est l'amour qui sauve les Hommes. Il faut leur en souhaiter à tous. Et tu sais, ce que j'ai toujours pensé?

– Je t'écoute...

– Que ce n'est pas un monde meilleur qu'il faut laisser à nos enfants, mais de meilleurs enfants doivent venir au monde. Et l'argent, il nous en faudra, mais pour nous, il sera juste un moyen !

Je voudrais tant que les Hommes se regardent dans le miroir de leur temps ! Ma nouvelle religion, c'est l'Amour !

Le couple continua de marcher à travers la campagne. Des champs de colza embaumaient l'air, qui était merveilleusement doux. Une fois arrivés au pays de Bade, ils se réfugièrent dans une petite chapelle isolée et, tel un signe du destin, virent un prêtre qui était agenouillé et paraissait implorer la grâce de Dieu. Cette scène leur parut des plus touchantes. Comme Vérane et Thibaut parlaient l'alsacien, ils lui racontèrent toute leur histoire. Ému, le curé les aida à trouver refuge dans une abbaye sur les hauteurs de Fribourg-en-Brisgau.

Ils allaient enfin pouvoir envisager l'avenir avec sérénité.

Plus personne ne pourrait les atteindre dans ce pays, et le couple aurait la joie de voir sa fille grandir, s'épanouir. Elle était le fruit de l'amour de deux êtres ayant toujours cru en la vie au plus profond de leur être.

Remerciements

À Pierre Hugo, pour sa préface.

A Monsieur Paul Loup Sulitzer, ce grand Homme à qui je dédicace ce récit.

À Humbert Sinisterra, pour la couverture.

À Laura, ma fiancée que j'aime comme au premier jour. pour sa patience extraordinaire, Pili, Emilio... sa famille entière, sans oublier Lobo et Belle, nos amis pour l'éternité.

Monsieur Phillipe Legin, agrégé d'histoire, président de la Société d'histoire du musée du Florival à Guebwiller, adjoint au maire de Murbach, pour ses précieuses connaissances sur le village, son village.

Dominique Serge Bergmann et son associée, avocat à la cour d'appel de Colmar, membre du conseil de l'Ordre, pour ses informations claires et précises et son professionnalisme.

Sacha Rebmann, de AARPI REBMANN ET WOLFANDEL, avocat au tribunal de grande instance de Colmar, pour ses informations utiles à mes recherches.

Professeur Sophie Gromb-Monnoyeur MD JD PHD, chef du pôle   médico-judiciaire et de médecine légale et pénitentiaire de Bordeaux.

Professeur Étienne Baumont, médecin légiste, chef du service de thanatologie clinique et judiciaire au CHPF de Pirae-Taaone, Tahiti, Polynésie française.

Phillipe Steiner, correspondant local des systèmes d'information à la maison d'arrêt de Strasbourg.

L'équipe de l'office de Tourisme de Guebwiller de Guebwiller-Soultz et des pays du Florival, notamment Thomas Studer, service communication de l'office de tourisme de Guebwiller-Soultz et des pays du Florival, pour son aimable correspondance.

Émilie Christen, responsable programmation et animations culturelles pour la ville d'Ensisheim au musée de la Régence.

Carole Thiaudière, pour avoir donné tant de valeur à mon travail.

A ma famille pour être là.

Christophe de Sairas.

Achevé d'imprimé en France
ISBN : 9782373960044
Dépôt Légal : Janvier 2016
 Bibliothèque Nationale de France
et SGDL Cléo n°28423
Composition : Editions Villeroy & Costa